ÉMILE BLÉMONT

Théâtre Légendaire

PARIS
ALPHONSE LEMERRE, ÉDITEUR
23-33, PASSAGE CHOISEUL, 23-33

M DCCCCVIII

Théâtre Légendaire

DU MÊME AUTEUR

Poèmes d'Italie. 1870. . . . . 1 vol.

Portraits sans modèles. 1879. . . . . 1 vol.

La Prise de la Bastille. 1879. . . . . 1 vol.

Poèmes de Chine. 1887. . . . . 1 vol.

Roger de Naples. 1888 . . . . 1 vol.

La Raison du moins fort. 1889. . . . . 1 vol.

Alphabet symbolique. Illustré par Hiolle. 1895. . . 1 vol.

La Belle Aventure. 1895 . . . . 1 vol.

A Watteau. 1896. . . . . 1 vol.

Théatre Moliéresque et Cornélien. 1898. . . 1 vol.

En Mémoire d'un Enfant. 1899. . . . . 1 vol.

Les Gueux d'Afrique. 1900. . . . . 1 vol.

A quoi tient l'Amour. 1903. . . . . 1 vol.

Beautés étrangères. 1904. . . . . 1 vol.

Le Génie du Peuple. 1905. . . . . 1 vol.

L'Ame étoilée. 1906. . . . . 1 vol.

Artistes et Penseurs. 1907. . . . . 1 vol.

ÉMILE BLÉMONT

Théâtre Légendaire

PARIS
ALPHONSE LEMERRE, ÉDITEUR
23-33, PASSAGE CHOISEUL, 23-33

M DCCCCVIII

C'est de la légende et c'est du théâtre,
De la vie humaine et de l'idéal;
C'est le rêve où flotte, au lointain bleuâtre,
L'éternel combat du bien et du mal.

Le Jugement du roi Salomon

DRAME EN UN ACTE, EN VERS

PERSONNAGES

SALOMON, roi d'Israël.
LE PROPHÈTE NATHAN.
ÇADOQ, grand-prêtre.
BENAYAHOU, chef de l'armée.
AHISCHAR, gouverneur de la maison du roi.
ELIHOREF, conseiller de Salomon.
JAËL.
ZILA.
COHÈNES ET LÉVITES.
LA GARDE HÉROÏQUE ET LA GARDE CRÉTOISE.
HOMMES ET ENFANTS.
FEMMES ET JEUNES FILLES.

La scène est à Jérusalem,
sur la Place située au seuil de la Porte Judiciaire.

Le Jugement du roi Salomon

SCÈNE PREMIÈRE

SALOMON, NATHAN,
SOLDATS DE LA GARDE HÉROÏQUE ET DE LA GARDE CRÉTOISE.

Salomon, précédé et suivi de ses Gardes, qui se rangent au fond de la scène et des deux côtés, s'avance vers le trône dressé pour lui sur la Place.

NATHAN, *s'approchant du trône où va monter Salomon.*

Je me prosterne au pied du trône de justice.
Veuille celui sans qui tout bonheur est factice,
Iahvé, notre Élohim, rendre excellent le nom
De mon maître, le roi d'Israël, Salomon!

SALOMON, *venant à Nathan qui s'est prosterné.*

Relève ton front blanc, cher vieillard, saint prophète;
Et devant toi plutôt laisse ma jeune tête,
O Nathan, s'incliner avec respect. Je veux
Accueillir tes conseils, m'inspirer de tes vœux
Pour les actes qui vont inaugurer mon règne.
Puisque j'ai la couronne, il sied que l'on me craigne;
Mais il faut qu'on m'honore et qu'on m'aime surtout.
Toi, pour être mon ferme appui, reste debout.

NATHAN.

Que peut soumettre au roi son serviteur fidèle?

SALOMON.

Certes, j'eus en mon père un illustre modèle;
Mais, à vingt ans, je lui succède sans avoir
La longue expérience et le profond savoir.
Je suis si haut soudain que j'ai peur du vertige.
Jamais je n'ai réglé le plus léger litige;
Et voici qu'aujourd'hui, pour la première fois,
Je dois juger mon peuple, interpréter ses lois,
Répartir aux mortels, en arbitre suprême,
Le bien, le mal, ainsi que l'Éternel lui-même.
La tâche est redoutable et je suis un enfant.

NATHAN.

La vérité surgit, comme un soleil levant,
Aux yeux du prince élu qui prend Iahvé pour guide,
Et chez lui la justice est la bonté lucide;
Il saura, sans fléchir, rendre à chacun son dû.
Mais dans tout châtiment qu'il mette une vertu,

Pour sauver de l'erreur, pour arracher au crime,
S'il se peut, le coupable autant que la victime!

SALOMON.

Contre les imposteurs saurai-je protéger
Le simple, l'innocent qu'interdit le danger?
La Loi n'a pas prévu tant de cas lamentables
Et tout n'est pas écrit d'avance sur les Tables.

NATHAN.

Assiégeons le méchant, il se perd malgré lui.
Le trou qu'il a creusé pour y pousser autrui,
Il y tombe; et le trait de fer que sa main lance,
Revient frapper au front l'homme de violence.
L'œuvre équitable est l'arbre aux fruits sains où l'on mord,
Tandis que l'œuvre impie est un arbre de mort.
Iahvé n'a-t-il pas dit aux siens : « J'aime qui m'aime;
Qui me cherche, me trouve. » O roi, cherche en toi-même!
La conscience, étant la justice et l'amour,
Y voit plus clair que sept veilleurs sur une tour.

SALOMON.

Je n'ai pas attendu jusqu'à la dernière heure,
Nathan, pour invoquer, en sa haute demeure,
Notre Élohim. Parfois il visite un mortel.
Hier, à Guibeön, lorsque j'eus, sur l'autel
De ce mont consacré parmi toutes les cimes,
Fait les encensements, immolé les victimes,
Je m'endormis après avoir adoré Dieu.
Or vers moi vint un songe, en l'ombre du saint lieu;
Et du fond de l'espace, à travers la nuit noire,
L'Éternel m'apparut, tout rayonnant de gloire.

NATHAN.

Béni soit le Très-Haut dans l'abime étoilé!

SALOMON.

Il m'eût anéanti, s'il n'eût été voilé
Par un nuage errant de brume lumineuse;
Et comme, le cœur plein d'une religieuse
Horreur, je restais là, muet, sous le rayon,
Recueilli dans l'extase et l'adoration,
Il me dit, d'une voix terrible mais sereine,
Qui n'est pas plus semblable à notre voix humaine
Que l'orbe du soleil à nos pâles flambeaux :
« Demande, Salomon, pour que tes jours soient beaux,
Ce qui, dans ta pensée, est le bonheur suprême;
Je te l'accorderai, roi du peuple que j'aime. »
Tremblant, je répondis : « Garde Israël, Iahvé!
Le roi David, mon père, a toujours cultivé
Ton observance; et pour perpétuer sa race,
Tu daignas lui donner le fils qui le remplace.
J'ai ton peuple à régir. Tu sais ce qu'il me faut.
C'est un cœur magnanime, un esprit droit et haut;
C'est le sens de voir juste et loin, c'est la sagesse. »

NATHAN.

O souhait généreux, ô sublime jeunesse!

SALOMON.

« Pour toi, dit le Seigneur, qu'il en soit donc ainsi!
Et ce que ton désir discret n'a pas choisi,
Les jours nombreux, l'éclat, la force, la richesse,
Tiens-le de même, avec le don de la sagesse. »

Je voulus m'écrier, mais tout s'évanouit;
Et quand je me levai, je ne vis que la nuit
Sous les monts où déjà flottait l'aube prochaine,
Et je n'entendis rien que le vent dans un chêne.
En ce rêve quelle est la part de vérité;
Ou s'il ne fut, Nathan, que fièvre et vanité?

NATHAN.

Ce rêve, ô prince heureux, porte son témoignage
Et sa preuve en lui-même. Il faut être un vrai sage
Pour demander ainsi la sagesse au Seigneur;
Et cette vertu-là, c'est déjà le bonheur.

SCÈNE II

LES MÊMES, ÉLIHOREF.

ÉLIHOREF.

Le moment est venu. Peut-on ouvrir l'enceinte
Que, tout d'abord, devra bénir la tribu sainte
Avec les chants et les prières?

SALOMON.

Je suis prêt.

NATHAN.

Les lévites sont là, le grand-prêtre paraît.

SALOMON.

Qu'ils approchent ! Sonnez, trompettes triomphales ;
Que, sur le rythme ancien, les frappeurs de cymbales,
Les joueurs de nébel, les toucheurs de kinnor
Fassent vibrer l'air bleu parmi les rayons d'or !

Salomon prend place sur le trône de justice. Aussitôt Éliboref avertit les gardes du roi ; et, le signal donné, les lévites entrent en scène, aux accords des instruments : d'abord le « menaççéah », chorége qui, avec des cymbales, marque la mesure ; puis quelques lévites faisant résonner sous le plectron le kinnor à dix cordes ; puis le grand-prêtre, les cohènes ; et derrière eux, des jeunes filles avec sistres ou tambourins, des musiciens jouant de la flûte « balil » ou touchant le nébel en bois creux à douze tons.

SCÈNE III

LES MÊMES, ÇADOQ, BENAYAHOU, AHISCHAR,
COHENES *et* LEVITES, GENS DE JÉRUSALEM.

LE CHOEUR.

Avec le luth, avec la lyre,
Dans un harmonieux délire,
Chantons Iahvé, chantons encor.
Allons, nébel ; allons, kinnor ;
Allons, mon chant, Iahvé t'inspire ;
Allons, mon chant, prends ton essor.

NATHAN.

Lorsque au roi Salomon l'Éternel fit largesse :
« Que veux-tu, lui dit-il, la Gloire ou la Richesse ? »
Mais le roi répondit : « Donne-moi la Sagesse. »

Et la Sagesse vint et lui dit doucement :
« C'est moi, Sagesse, moi, fille du Dieu clément;
L'Éternel me créa dès le commencement.

« Il me conçut avant toute autre créature,
Avant le temps, avant l'abîme et la nature,
Avant tout ce qui passe, avant tout ce qui dure.

« Quand aux flots de la mer il imposa des lois,
J'étais là. Le ciel fut; j'étais là, dans sa voix.
J'étais là quand il dit à la lumière : Sois !

« Moins que moi l'or est pur, et moins claire est la flamme;
Mon nom chez l'homme est force, et douceur chez la femme;
Heureux qui me reçoit et me garde en son âme !

« Je suis celle à qui rien ne saurait donner tort;
Je suis l'ordre et la vie, et je commande au sort;
Malheureux qui me hait, car il aime la mort ! »

ÇADOQ.

Sur le nébel et sur le kinnor à dix cordes
Invoquons le vrai Dieu, chantons Adonaï !
Il protège Israël, il disperse les hordes
Des guerriers par lesquels son peuple est envahi.

TOUS.

Chantons Adonaï!

NATHAN.

Les autres dieux sont des idoles;
Iahvé, toi seul es précieux.
Les autres dieux sont des idoles;
Toi seul fis la terre et les cieux.
Les autres dieux sont des idoles;
Toi seul es le vrai Dieu qui guéris et consoles.

TOUS.

Toi seul es le vrai Dieu qui guéris et consoles.

NATHAN.

Depuis toujours jusqu'à jamais
Rayonne ta splendeur féconde.
Depuis toujours jusqu'à jamais
Ton vouloir est l'âme du monde.
Depuis toujours jusqu'à jamais
Ton verbe créateur vibre sur les sommets.

TOUS.

Ton verbe créateur vibre sur les sommets.

NATHAN.

Prête au roi d'Israël, Iahvé, ta vigilance,
Afin que de la ruse et de la violence
Il délivre, en ton nom, le pauvre et l'opprimé.
Fais qu'il aime les tiens, fais qu'il en soit aimé,

Fais que son équité, tendrement généreuse,
Vienne, ainsi qu'une ondée heureuse,
Désaltérer le cœur pareil
Au jardin desséché par l'ardeur du soleil!

LE CHOEUR.

O miséricorde éternelle,
Saint amour, bonté paternelle!
Chantons Iahvé, chantons encor.
Allons, nébel; allons, kinnor;
Allons, mon chant, ouvre ton aile
Et vers les cieux prends ton essor.

Le chœur et les joueurs d'instruments se retirent au fond de la scène. Nathan, Çadoq, Benayahou et Abischar se groupent, avec Élihoref, au pied du trône de justice où siège Salomon. Entrent Jaël et Zila; celle-ci porte dans ses bras un petit enfant; elle est accompagnée d'une vieille femme, et Jaël d'une jeune fille.

SCÈNE IV

LES MÊMES, JAËL, ZILA,
UNE VIEILLE FEMME, UNE JEUNE FILLE.

ÉLIHOREF.

Notre roi Salomon — Iahvé lui soit propice! —
Au peuple d'Israël va rendre la justice.

Peuple, qui d'entre vous, selon l'antique loi,
Sollicite aujourd'hui la justice du roi?

JAËL, *se précipitant vers Salomon, tandis que, derrière elle, Zila s'avance avec l'enfant qu'elle porte sous un léger voile.*

Moi, moi! Si misérable, hélas! que je puisse être,
Daigne me regarder et sauve-moi, mon maître!
On ne veut pas me croire,

Montrant Zila.

et Zila se défend;
Mais tu m'écouteras, toi. Rends-moi mon enfant!

ZILA.

Vie éternelle au roi Salomon, notre juge!
Cette femme a perdu l'esprit. Sois mon refuge.

ÉLIHOREF.

Elles sont, mon seigneur le roi, toutes les deux,
De ces pauvresses qui, pour métier hasardeux,
Ont les chansons d'amour, la musique et la danse.
Leur différend, sans doute, offre peu d'importance;
Le roi pourrait laisser aux dizainiers le soin
D'en connaître.

SALOMON.

Non pas. Les humbles ont besoin,
Eux surtout, je le sais, que le roi s'intéresse
Directement à leurs douleurs, à leur détresse.
Puis, c'est chose sacrée : il s'agit d'un enfant.
Laisse-les donc tout dire en liberté, devant
Élohim, qui du fond des cieux lit dans les âmes,

Et devant moi, qui par lui règne. Approchez, femmes.
Toi, la demanderesse, explique-toi d'abord.

JAËL.

Voici. Je suis Jaël, seigneur. On m'a fait tort,
C'est Zila... Mais...

Elle s'arrête, troublée.

SALOMON.

Poursuis. Qu'as-tu ?

JAËL.

Pardon ! je tremble...
J'ai peur de mal parler... Nous habitions ensemble,
Elle et moi. Nous vivions seules, sans parenté.
Nous n'avions pour nous deux, en notre pauvreté,
Qu'une chambre, et portions les mêmes robes peintes.
Or nous eûmes, étant toutes les deux enceintes,
Presque en même temps, là, dans ce coin de maison,
Un enfant, et ce fut pour chacune un garçon ;
Et ce fut, cher seigneur, malgré notre misère,
Grande félicité chez nous pour chaque mère.
Un fils est notre joie, il sera notre appui ;
Et nous n'existons plus que par lui, que pour lui...

ÉLIHOREF.

Femme, va droit au but ; sois discrète, sois brève.

JAËL.

Le roi m'en voudrait-il ?

SALOMON.

Non, ne crains rien. Achève.
Que s'est-il passé ? Dis.

2

JAËL.

Une nuit, en dormant,
Car le malheur ne put arriver autrement,
Comme Zila gardait dans son lit, auprès d'elle,
Son garçon nouveau-né, créature si frêle,
Elle eut un mouvement aveugle, et sur l'enfant,
Pleine d'un sommeil lourd, s'étendit, l'étouffant;
Et le pauvre petit mourut. Lorsque la mère
Vit, en se réveillant, le meurtre involontaire,
Il ne faisait pas jour encore, et je dormais.
Alors (pourquoi cela, le saura-t-on jamais?)
Vers ma couche elle vint sans bruit, étrange audace,
Y prit mon fils, et mit l'enfant mort à sa place.
Quand, à l'aube, j'ouvris les yeux, mon cher seigneur,
Je crus que j'allais, moi, mourir aussi. L'erreur,
Certes, ne dura point. Dès que j'eus, moins farouche,
Regardé mieux l'enfant qu'en vain baisait ma bouche,
Dans mon cœur éclata soudain la vérité :
Ce n'était pas le fils que j'avais enfanté.
Non! mon fils, mon vrai fils, le fils que je réclame,
Il vivait, il était aux bras de cette femme
Qui le tient devant toi, qui dit que c'est le sien,
Et qui me l'a volé. Mais tu me comprends bien;
Mes tourments vont finir. Il faut qu'on me le rende.
Rien n'échappe au roi juste et sa puissance est grande;
Et le cher nourrisson doit languir après moi.

Elle veut prendre l'enfant; mais Zila recule et lui échappe, protégée par Élihoref et par les gardes.

SALOMON.

Que Zila maintenant parle de bonne foi.

ZILA, *après avoir confié l'enfant à la vieille femme venue avec elle.*

O mon maître, comment croire à ce qu'elle conte ?
C'est insensé. Pour elle et pour moi, j'en ai honte.
Est-ce qu'on revendique ainsi le bien d'autrui ?
Apporte-t-elle un signe, une preuve, à l'appui ?
Peux-tu me reprocher quelque chose, ô mon maître ;
Et l'enfant semble-t-il mieux que moi la connaître ?

JAËL.

Nous leur donnions le sein, l'une et l'autre, à tous deux.
Oh ! soutenir toujours ce mensonge odieux,
Et ne pas redouter !...

ÉLIHOREF.

Chut !

ZILA.

Sa tête affaiblie
Est encor sous le coup d'un accès de folie.
Illusion d'un cœur si brusquement déçu !
Ce qu'elle affirme au roi, comment l'a-t-elle su ?
Elle dormait, dit-elle ; elle a rêvé sans doute.

SALOMON.

C'est possible. Pourtant, d'où vient, quand on l'écoute,
Cet accent convaincu, simple et si déchirant ?
J'hésite ; je n'y puis rester indifférent.
Toi, Zila, ta parole est très persuasive,

Mais semble un peu trop sèche, un peu trop évasive,
Et laisse vaguement une ombre en mon esprit.

ZILA.

Son accusation tout d'abord me surprit,
M'irrita. Pour le roi, je suis calme et j'abrège.
Elle invente, elle ment. Quel intérêt aurais-je,
Si c'était mon garçon qu'eût frappé le trépas,
A garder un enfant ne m'appartenant pas?

SALOMON.

La chose, assurément, paraît peu naturelle.
Mais, j'y pense, elle aussi, quel motif aurait-elle
De réclamer si fort un enfant étranger?
Comment nous tiendrait-elle un propos mensonger
Avec cette tendresse et cette véhémence?

ZILA.

Que sais-je? Est-ce un effet de sa triste démence?
Ou croit-elle pouvoir plus tard, comme en rêvant,
Oublier l'enfant mort avec l'enfant vivant?

JAËL.

Quoi! je voudrais, seigneur, et pour cette chimère,
Accabler d'un pareil supplice une autre mère!

ZILA.

Elle est jalouse.

JAËL.

Moi! De qui?

ZILA.

De mon enfant.

A le voir là, qui dort si beau, son cœur se fend;
Ayant perdu son fils, elle veut, dans sa haine,
Que je perde le mien aussi, j'en suis certaine.

JAËL.

Ah! Zila se trahit. C'est elle qui me hait
Et m'attribue, à moi, tout le mal qu'elle a fait.
Peut-on imaginer cela sans qu'on l'éprouve?
Regarde-la, seigneur, avec ses airs de louve,
Son front dur qui défie et son geste irrité!
Chaque mot dit par elle est un trait de clarté.
Je le reconnais trop, son cœur faux et rebelle
Qui m'enviait si fort parce que j'étais belle,
Et parce que mon fils, oui, je m'en souviens bien,
Était, le cher petit, plus mignon que le sien.
Comme elle s'est troublée, encor qu'elle soit fine!
Elle baisse les yeux de peur qu'on n'y devine
Tout l'exécrable enfer qui se tord dans son sein.
Tes paupières, cachant ce scandaleux larcin,
Mais relève-les donc un peu, méchante femme,
Pour qu'on pénètre enfin jusqu'au fond de ton âme!

ZILA.

Assez!

Levant les yeux vers le roi.

Mon maître voit que je ne cache rien.
Malgré cette furie, il sera mon soutien
Et ne permettra pas plus longtemps que sa ruse
Simule un tel transport, me poursuive et m'accuse.
Elle a trouvé moyen d'exploiter contre moi,
Par un perfide abus, le langage du roi.

2.

Le roi m'interrogeait et j'ai dû lui répondre.
Me tendait-il un piège, afin de me confondre
Si, me fiant à lui, j'y tombais? Non, pour sûr!
J'ai simplement cherché quelque mobile obscur,
Et j'ai trouvé. De là, cet ardent cri de rage.

SALOMON.

Ne pourrais-tu, Jaël, préciser davantage?

JAËL.

C'est clair. On doit saisir. Je parle à ma façon,
Je m'y prends mal; mais l'on sent bien que j'ai raison
Et que je ne mens pas. Si craintive, oserais-je,
Devant le roi, commettre un pareil sacrilège?
Mon fils! rendez-le-moi, le pauvre ange innocent;
C'est la chair de ma chair, c'est le sang de mon sang,
C'est le cœur de mon cœur, c'est l'âme de mon âme.
Mon fils!... Je ne suis rien qu'une très humble femme,
Mais sois juste, grand roi, pour être triomphant.

Elle veut, malgré les gardes, aller à l'enfant qu'on a éloigné d'elle.

Rendez-moi mon enfant! Mon enfant! mon enfant!

Les gardes la repoussent; elle s'affaisse, épuisée.

SALOMON, *après un moment de méditation.*

Perspicace et prudent Çadoq, toi le grand-prêtre,
Toi qui, par tes savants discours, me fis connaître
L'homme et ses passions, l'Éternel et ses lois,
Ne peux-tu m'enseigner le vrai, comme autrefois?

ÇADOQ.

Pas la moindre lueur à mes yeux ne se lève,

Et cette histoire étrange a l'air d'un mauvais rêve.
Quel indice avons-nous pour nous guider? Comment
Décider laquelle est franche, laquelle ment?

SALOMON.

Tu fronces le sourcil, Benayahou.

BENAYAHOU.

Je tâche
De débrouiller la chose, et leur conflit me fâche;
Mais ce n'est pas au fil de l'épée, en soldat,
Tout naturellement, qu'on règle un tel débat.

SALOMON, *pensif.*

Qui sait?... Ahischar, toi, le sensé majordome,
Toi, le calculateur, que dis-tu?

AHISCHAR.

Je suis homme
A bien administrer la royale maison;
Mais cette énigme-là dépasse ma raison.

SALOMON, *à Nathan.*

Vénérable nabi, que ta bonté consente
A secourir d'un mot notre vue impuissante!

NATHAN.

Comme au pays d'Égypte, un glorieux matin,
Joseph, tiré des fers pour remplir son destin,
Fut inspiré jadis, que l'Éternel inspire
Notre roi, notre juge, et lui dicte son dire!

SALOMON.

Nul de vous ne voit donc poindre la vérité?

Silence.

Il ne me reste plus en cette extrémité
Qu'un moyen. J'ai besoin, quoique cela m'afflige,
De toi, Benayahou, pour trancher le litige.
Mets ton épée au clair. Fort bien. Prends cet enfant
Qui des deux nouveau-nés est le seul survivant;
D'un coup partage en deux son corps; et que chacune
De ces femmes en ait la moitié, puisque l'une
Et l'autre, devant moi, sans preuve, également,
Le réclament avec un tel acharnement.

Stupéfaction.

BENAYAHOU.

Le frapper!

SALOMON.

Va, te dis-je. Il le faut. Je l'ordonne.

JAËL, *se relevant.*

Ai-je mal entendu?

NATHAN.

Que le roi nous pardonne!
On peut surseoir, attendre un jour, une heure.

SALOMON.

Non.

CADOQ.

Pour la paix d'Israël et pour le bon renom,
Faut-il que l'innocent soit la rançon du crime?

SALOMON.

Iahvé parfois exige une blanche victime.

AHISCHAR.

J'adopte volontiers l'enfant, s'il plaît au roi.

SALOMON.

Iahvé l'adoptera, j'en suis sûr, mieux que toi.

ÇADOQ.

Mais...

SALOMON.

Plus d'objection.

A Nathan qui lève les bras vers lui.

Qu'on s'épargne la peine
De discourir!

A tous.

J'ai dit; j'en assume la pleine
Responsabilité.

ÉLIHOREF, *à part.*

Le roi devient-il fou?

SALOMON.

Exécute l'arrêt rendu, Benayahou.

BENAYAHOU, *allant vers la vieille qui porte l'enfant entre Jaël et Zila.*

Livre-le moi.

ZILA.

C'est trop cruel.

BENAYAHOU.

C'est la sentence.

ZILA.

Hélas! puis-je opposer la moindre résistance?
Je sais qu'on t'a donné des ordres absolus;
Prends-le.

A mi-voix.

Jaël, du moins, ne l'aura pas non plus.

JAËL, *se jetant entre Benayahou et l'enfant.*

Les lâches! Eh bien, moi, je défends qu'on le prenne!
Comment! le roi dans sa justice souveraine,
Le roi qui représente Adonaï, le roi
Qui doit tout deviner, étant l'œil de la loi,
Aurait dit sans motif cette chose indicible!
Je n'en admettrai rien. Cela n'est pas possible;
Et ce n'est pas ainsi que l'on juge Israël.
Partons vite, partons!

Elle entraîne la femme qui tient l'enfant; mais les gardes lui barrent le chemin.

Quoi? c'est vrai, c'est formel!
On s'attaque à ce faible enfant qui vient de naître!
Le tuer! Qu'a-t-il donc pu faire au roi mon maître,
Lui chétif, lui si doux qu'il en désarmerait
Un lion dévorant au fond d'une forêt?
Si j'ai, moi, par mégarde, encouru quelque blâme,
Si ma parole eut trop de rudesse et de flamme
En s'élevant tantôt vers le trône royal,
Qu'on m'en punisse, et qu'on ne lui fasse aucun mal!
Je ne réclame plus rien sur lui. Non. Qu'il vive!
Son salut me suffit. Ma tendresse plaintive

Allait trop loin. J'eus tort. Renvoyez-nous. Voilà,
J'accepte. Je veux bien qu'on le donne à Zila,
Pourvu qu'elle promette et jure d'être bonne.
Il m'est plus cher que tout; pourtant, qu'on le lui donne.
Cela ne vaut-il pas mille et mille fois mieux
Que de le voir périr tout sanglant, justes cieux!
On peut me lapider, me déchirer sur l'heure;
Mais qu'on n'y touche pas! Je ne veux pas qu'il meure.
J'ai tant souffert déjà, lorsque je l'ai cru mort!
Tu m'écoutais avec indulgence, d'abord,
Cher seigneur; tu ne vois donc plus combien je l'aime?
Pitié pour lui, pour nous, et pitié pour toi-même!
Si tu me prends mon fils, tes fils te seront pris.
Fais-lui grâce. Entends-moi. Grâce, grâce à tout prix!
Grâce! il te servira sans que son cœur se lasse,
Il passera sa vie à tes pieds. Grâce, grâce,
Grâce!

SALOMON.

Je suis un juge, et non pas un bourreau.
Benayahou, remets ton épée au fourreau;
Et qu'on donne l'enfant à Jaël, c'est la mère.

VOIX NOMBREUSES.

Hosanna!

JAËL, *recevant l'enfant qu'elle couvre de baisers.*

Viens, mon fils!

A Salomon.

Merci, roi tutélaire.
Ah! je savais bien, moi, que je le sauverais!

SALOMON.

L'épreuve a réussi comme je l'espérais;
Mais, encor qu'elle fût inattendue et neuve,
Comment n'a-t-on pas vu que c'était une épreuve?
O Çadoq, ô Nathan, que pensiez-vous de moi?

NATHAN.

Nous avions trop d'orgueil, maître, et trop peu de foi.

SALOMON.

Zila, ne brave plus d'une insolente haine
La céleste justice et la justice humaine!

ZILA.

Je méprise la vie et ne crains pas la mort.

SALOMON.

Songe à te repentir!

ZILA.

Puisque mon maître est fort,
Se croit juste et par moi sent son âme alarmée,
Et puisque je suis là vaincue et désarmée,
Qu'il m'écrase, comme un animal venimeux;
Que par mon châtiment il se rende fameux!
Adieu, vallon maudit d'opprobre et de misère!
Oh! j'ai le cœur si las de mentir!

SALOMON.

Sois sincère.
Tu peux, quoi que ton crime ait de nous mérité,
Te racheter encor par la sincérité.
Pourquoi fis-tu cela? Réponds; et dis-nous, femme,
Comment t'en vint l'idée en cette nuit infâme.

ZILA.

Non! j'ai peur maintenant d'une telle action.

SALOMON.

Ce sera ton supplice et ta rédemption;
Parle.

ZILA.

J'allais, pieds nus... Je m'arrêtais, glacée,
En suspens... Mais bientôt la funèbre pensée
Reprenait avec moi sa marche dans la nuit.
Et lorsque ce fut fait, quand je me fus, sans bruit,
Recouchée, eh bien, oui, ma foi! je fus heureuse.
J'étais pleine, en secret, de clarté ténébreuse;
Et j'éclatai tout bas d'un grand rire muet
Dans la chambre sinistre où rien ne remuait.

JAËL.

C'est effroyable.

SALOMON.

Et puis, sans pitié ni scrupule,
Tu poursuivis ton œuvre.

ZILA.

Est-ce que l'on recule
Quand on a réussi dans le mal qu'on rêvait?
L'envie empoisonnait mon sang et m'étouffait.
L'esprit pervers, l'ardent Azazel, dans mes veines
Régnait. Pour le chasser, mes luttes étaient vaines.
Sans cesse il me disait en me tordant les bras :
« Te voici malheureuse, et l'autre ne l'est pas;
On a poussé ton fils dans le tombeau lugubre,
Et le sien vit, le sien respire l'air salubre! »

Hantée ainsi, j'ai vu, d'un coup, ce que serait
Toute notre existence; et tout m'exaspérait.
Comme un affamé sent redoubler son martyre
A voir de près les gens manger et boire, et rire,
Le bonheur de Jaël m'insultait, triomphant.
Je n'avais pas été méchante auparavant,
Malgré ce qu'elle a dit tout à l'heure, en colère;
Mais son visage gai, son pas vif, sa voix claire,
Son bel enfant câlin, frais, et fier de fleurir,
Je ne pouvais me les figurer sans souffrir.
Quelle torture atroce! O vision trop vraie!
C'était comme un soleil cuisant sur une plaie;
Et j'ai compris alors Caïn frappant Abel.
La jalousie, hélas! est le suprême appel
Du désespoir, devant la Destinée inique.
Pourquoi me l'avait-on tué, mon fils unique?
Je n'ai fait à Jaël que ce qu'on m'avait fait.
Ai-je offensé quelqu'un quand mon enfant vivait,
Ai-je à l'esprit du mal jamais prêté l'oreille?
Ai-je commencé? Non, j'ai rendu la pareille;
On m'a volé mon fils et j'ai volé le sien.
Voilà tout. Maintenant, vengez-vous; je veux bien.
Mais celle qu'il faudrait, meurtrière obstinée,
Punir avant moi, c'est la sombre Destinée.

SALOMON.

Ne verras-tu jamais, trouble et tumultueux
Cœur de femme, combien cela fut monstrueux?
Est-ce qu'au fond de toi rien de tendre ne reste?
Contre le mal, c'est par le bien que l'on proteste.

Tu n'étais point méchante auparavant, dis-tu;
En es-tu sûre? Instable et fragile vertu!
Vraiment peux-tu prétendre, en ton orgueil extrême,
Que chacune à ta place aurait agi de même?
Ayant souffert, n'es-tu coupable qu'à moitié?
La douleur aurait dû t'apprendre la pitié.

ZILA.

Pourquoi donc suis-je née ainsi, sans me connaître?
Est-ce ainsi, par hasard, que j'aurais voulu naître;
Et puis-je être autrement, quand je suis née ainsi?

SALOMON.

Iahvé punit le crime, et le blasphème aussi;
Il entend, il voit. Tremble, aveugle créature
Qui, par cette nouvelle et suprême imposture,
Voudrais tout rejeter, avec tant de hauteur,
Sur ton impénétrable et divin créateur!
Oses-tu l'accuser? Sais-tu, morne figure,
Sais-tu, fange où vacille un peu de flamme obscure,
Les raisons de celui qui gouverne les cieux?
Sous son rayonnement il faut baisser les yeux.
Expie, implore, apprends! Couvre ton front de cendre!
Iahvé nous fait monter comme il nous fit descendre,
Pourvu que nous soyons moins lourds d'impuretés.
Soumets-toi, repens-toi. De tous les révoltés,
L'envieux au teint blême est le plus misérable,
Car aucun jeu du sort n'est pour lui favorable,
Car il va gémissant toujours de notre bien
Et n'arrive jamais à profiter de rien.
O le don d'être heureux par le bonheur des autres!

Tous les contentements du prochain sont les nôtres
Quand bat dans notre cœur la grande humanité;
Mais qui vit pour lui seul est un déshérité.
Lèvre sèche, fiévreuse et d'amour altérée,
Bois l'espoir et la force à la source sacrée
D'où jaillit et ruisselle intarissablement
La tendresse, le pur et profond dévouement.
Le secret du salut est simple et sans mystère,
C'est la bonté. Renonce à l'erreur, pauvre mère.
Iahvé, peut-être alors, dans un nouveau dessein,
Te rendra le repos et bénira ton sein.
Mérite son pardon.

JAËL, *s'approchant de Zila, après avoir confié l'enfant à une jeune fille.*

Oh! moi, je lui pardonne
De tout mon cœur.

Voyant Zila reculer d'un pas et cacher son visage dans ses mains.

Comment, ce que je dis l'étonne!
Il faut me croire; il faut, Zila, de ton côté,
Avoir pour nous un peu de générosité.
Oui, je sais le regret brûlant qui te dévore;
Je l'ai connu moi-même, et j'en frémis encore.
Prends la moitié de mon bonheur, par amitié;
Et moi, de ta douleur je prendrai la moitié.
Veux-tu? Rappelle-toi que je suis douce et franche.
Ah! tes yeux sont mouillés de pleurs, ton front se penche;
Tu veux bien. Avec moi, reviens à la maison.
Soyons comme autrefois. Mon maître avait raison

D'ordonner entre nous, tout à l'heure, un partage.
Acceptons la sentence; elle a son avantage :
Partageons-nous l'enfant, mais vivant, radieux!
L'enfant sera, non pas à moi, mais à nous deux,
Et nous le bercerons dans la chambre commune;
Il aura simplement deux mères au lieu d'une.
Tu l'as soigné naguère, un jour qu'il avait mal;
Au fond, Zila, ton cœur est bon... Ce fut fatal.
Que du passé mauvais il ne reste plus trace!

Lui prenant la main.

Embrasse-moi, ma sœur... Permets que je t'embrasse,
Ne me refuse pas. Tes yeux irrésolus
Se détournent. Viens, laisse!

ZILA, *repoussant doucement Jaël.*

Hélas! je n'ose plus.

Elle fond en larmes.

O maître, c'est fini, mon cœur se fond. Je pleure...
J'ai regret, je comprends, je deviendrai meilleure;
Car ta sagesse a lui sur mon front révolté
Et Jaël m'a fait voir le prix de la bonté.
Merci! Je me repens, seigneur; je me résigne.
Vous m'avez relevée et j'en étais indigne;
Et le sein tout gonflé de larmes, de sanglots,
Pour vous bénir tous deux je cherche en vain des mots.
Puisse, approuvant d'en haut votre noble indulgence,
Iahvé, notre Elohim, m'épargner sa vengeance!
Auprès de toi, Jaël, je ne dois pas rester;
Les sombres souvenirs reviendraient m'obséder.
Je vais partir, je vais traîner mon existence
Loin de Jérusalem. Je ferai pénitence;

3.

D'humble douceur mon âme et mes yeux seront pleins.
J'irai soignant partout les pauvres orphelins;
Et je ne reviendrai sur le seuil de ta porte
Qu'au jour où, me sentant assez bonne, assez forte,
Je pourrai, sans rien craindre, être jusqu'à la mort
Ta servante,

Montrant l'enfant.

la sienne, et réparer mon tort.

Jaël lui tend les bras, et les deux femmes s'étreignent en pleurant.

SALOMON.

Iahvé te comblera de son pardon suprême,
Zila, quand tu pourras te pardonner toi-même.

NATHAN.

Gloire au très juste et très humain roi d'Israël!
Gloire à Salomon!

TOUS.

Gloire!

SALOMON.

Adorons l'Eternel!

LE CHOEUR, *avec reprise de la musique instrumentale.*

Pour le roi jeune au beau visage,
Pour le roi bon, pour le roi sage,
Chantons, prions, chantons encor.
Allons, nébel; allons, kinnor;
Allons, mon chant, joie et courage!
Vers Elohim prends ton essor.

Libres Cœurs

DRAME EN CINQ ACTES, EN VERS

avec DANIEL DE VENANCOURT

PERSONNAGES

ROLANDE.
VIVIEN.
NOÉLIE.
LOTHAIRE.
FLORUS, roi des Alpes.
BARBAZE.
JAPIOT.
ZAB.
FOUQUETTE.
GORDANE.
Les Prétendants.
Les Enchérisseurs.
Deux Assesseurs de Barbaze.
Seigneurs et Dames de la Cour.
Demoiselles d'Honneur.
Écuyers, Pages, Huissiers, Gardes, Valets.
Jeunes Filles et Gens du Peuple.

La scène est en Suisse, au Moyen-Age.

Libres Cœurs

ACTE PREMIER

A Luiserne, au palais du roi, dans la grande salle.

SCÈNE PREMIÈRE

BARBAZE, JAPIOT, ZAB, FOUQUETTE, GORDANE, JEUNES FILLES, ENCHÉRISSEURS, HUISSIERS, GARDES, VALETS, GENS DU PEUPLE.

La foule, animée et bruyante, emplit la scène. Midi sonne. On fait silence. Barbaze monte à son tribunal, et, les douze coups sonnés, prend la parole.

BARBAZE.

A tout venant, noble ou vilain, paix et bonheur!
Sa Majesté Florus, roi des Alpes, seigneur
Des trois peuples unis en ligue fraternelle,
Ce jour d'hui, premier mai, suivant la loi formelle,

Fait dire et proclamer par nous, Jean-Désiré
Barbaze, maître scribe et grand crieur juré,
Pour que nul n'en ignore en ce qui le concerne,
Qu'ici, dans cette salle, au palais de Luiserne,
Capitale de son royaume, sans tarder,
Ainsi que tous les ans, nous allons procéder
Aux opérations parfaitement loyales
Des enchères qu'on nomme Enchères Nuptiales.
La loi veut qu'en ce jour, à cette heure, en ce lieu,
Soit amenée, avec l'assistance de Dieu,
Par le père ou tuteur, chaque fille ou pupille
Ayant, durant l'année, atteint l'âge nubile;
Puis, séance tenante et grâce à notre cri,
Chacune doit trouver, brune ou blonde, un mari.
Or donc, comme début, devant vous tous j'appelle
Et je présente à vos enchères la plus belle,
Pour, après les trois feux brûlés par l'assesseur,
Être adjugée au plus offrant enchérisseur,
Sous la condition des noces légitimes.
Tour à tour, moyennant des prix hauts ou minimes,
On aura les beautés qui suivront. Et ceci,
Jusqu'à ce que personne enfin n'ait plus souci
D'offrir quoi que ce soit pour aucune de celles
Qui resteront, le charme étant trop faible en elles.
Alors, les gens de bon vouloir, pour épouser,
Recevront de l'argent au lieu d'en débourser;
Car la loi, réparant les torts de la nature,
Aux filles de modeste ou bizarre structure
Doit payer un époux, en prenant ce qu'il faut
Sur ce qu'ont rapporté les beautés sans défaut.

D'abord viendra la plus disgraciée; et l'homme
Qui se contentera de la moins forte somme,
L'aura pour femme, avec la compensation.
Ainsi de suite. On est au fait. Conclusion :
Dans cinq minutes vont commencer les enchères;
Ouvrez l'œil et tenez-vous prêts, célibataires!

Barbaze descend de son tribunal et sort de scène.

SCÈNE II

LES MÊMES, *moins* BARBAZE ET SA SUITE.

ZAB, *les poches pleines de sacs d'or, à part, en regardant Fouquette.*

Est-ce moi qui l'aurai, Fouquette? Et pour quel prix?
Comme ils la guignent tous!

JAPIOT.

Monsieur Zab!

ZAB, *sans l'entendre.*

Je suis pris.
C'est un sort.

JAPIOT, *plus haut.*

Monsieur Zab!

ZAB, *même jeu.*

Faut-il que je m'entête?

JAPIOT, *criant à l'oreille de Zab.*

Monsieur Zab !

ZAB.

Japiot !

JAPIOT.

Vous avez l'air tout bête.
Êtes-vous amoureux ?

ZAB.

Chut ! Et toi, babillard ?

JAPIOT.

Au contraire.

ZAB.

Comment ?

JAPIOT.

Je n'ai pas un liard.

ZAB, *à part, haussant les épaules.*

Il vend des fleurs !

JAPIOT.

Je viens pour la fin du programme.

ZAB.

Tu veux ?...

JAPIOT.

Le plus d'argent possible.

ZAB.

Avec la femme
La plus...

JAPIOT.

Est-il besoin qu'elle soit faite au tour ?

ZAB.

Ce que c'est que l'argent!

JAPIOT.

Ce que c'est que l'amour!

Zab et Japiot sont remplacés sur le premier plan par un groupe de jeunes filles.

GORDANE.

Oh! tu ne seras pas à plaindre, toi, Fouquette.

FOUQUETTE.

Qui sait?

Montrant Zab.

Vois-tu ce Zab, l'argentier, qui me guette?
Il est presque aussi vieux que le pont du Rhultor.

GORDANE.

Le Pont Croulant?

FOUQUETTE.

Le Pont du Diable!

ZAB, *à part, voyant rire Fouquette avec Gordane.*

Pur trésor!

UN FUTUR ENCHÉRISSEUR, *bas, à Zab.*

Hein, la Fouquette!...

ZAB, *avec un dédain affecté.*

On dit des choses.

A part, tandis que le futur enchérisseur, bouche bée, s'éloigne en se grattant l'oreille.

Dieu me damne
S'il la reluque!

JAPIOT, *à part, en arrêt devant Gordane.*

Bé! c'est mon lot.

FOUQUETTE.

Viens, Gordane!

GORDANE.

Mais qui voudra de moi? Le dernier des vilains!

FOUQUETTE.

Mijaurée! on t'achète un homme et tu te plains!

SCÈNE III

LES MÊMES, BARBAZE, DEUX ASSESSEURS.

UN HUISSIER, *pendant qu'on fait entrer les filles à marier dans les bancs qui leur sont réservés.*

Place! place!

BARBAZE, *en costume officiel, s'installant à son tribunal, entre ses deux assesseurs.*

Silence, au fond! J'ouvre la fête.

A un de ses assesseurs.

Donnez-moi, s'il vous plaît, la liste qu'on a faite.

Parcourant la liste.

Le premier nom marqué, c'est Fouquette Rémy.

A Fouquette.

Venez, ma toute belle... Avancez...

A l'huissier, qui presse Fouquette, hésitante.

Mon ami,
Veuillez ne point brusquer cette vierge timide.
De la douceur!

Bas, à un de ses assesseurs, en regardant Fouquette du coin de l'œil.

Eh! eh! j'en ai la lèvre humide.

Haut, à l'assistance.

Nous allons commencer, messieurs. Attention!
Il faut payer comptant ou donner caution,
Vous le savez, avant d'enlever sa conquête.
Voyons! que mettez-vous pour la belle Fouquette?

PREMIER ENCHÉRISSEUR.

Cent florins.

SECOND ENCHÉRISSEUR.

Cent vingt-cinq.

TROISIEME ENCHÉRISSEUR.

Cent cinquante.

PREMIER ENCHÉRISSEUR.

Deux cents.

BARBAZE.

On dit deux cents florins. Dépêchons-nous. Je sens
Qu'on montera plus haut.

UN ASSESSEUR, *allumant un feu d'enchère.*

Premier feu.

BARBAZE.

Qu'on s'éveille.
Regardez donc. Deux cents florins, cette merveille!
C'est pour rien.

ZAB.

Deux cent dix.

BARBAZE.

Deux cent dix, par ici.

PREMIER ENCHÉRISSEUR.

Trois cents.

BARBAZE.

Trois cents florins.

ZAB, *à part, en dévisageant le premier enchérisseur.*

Peut-on pousser ainsi?
Où s'arrêteront-ils?

BARBAZE.

Allons, messieurs, courage!

DEUXIEME ENCHÉRISSEUR.

Quatre cents.

TROISIEME ENCHÉRISSEUR.

Cinq.

PREMIER ENCHÉRISSEUR.

Six.

DEUXIÈME ENCHÉRISSEUR.

Sept.

BARBAZE.

Sept cents florins.

ZAB, *à part.*

J'enrage.

Ils vont me ruiner.

Haut.

Sept cent un.

PREMIER ENCHÉRISSEUR.

Huit cents.

DEUXIÈME ENCHÉRISSEUR.

Neuf.

ZAB, *à part.*

Et dire que si vite on peut devenir veuf!
Tant pis! Il me la faut. Je l'aurai.

Haut.

Mille.

BARBAZE.

Mille.

A Zab.

Pour vous? Pas d'erreur!

ZAB.

Oui.

L'ASSESSEUR, *allumant de nouveau un feu d'enchère.*

Premier feu.

JAPIOT, *regardant Zab.*

L'imbécile!

BARBAZE.

Mille florins! Suivez l'enchère!

L'ASSESSEUR, *allumant un second feu, pour succéder à celui qui vient de s'éteindre.*

Second feu.

BARBAZE, *après un silence.*

Elle vaut mieux que ça.

ZAB, *à part.*

Se taira-t-il un peu?

L'ASSESSEUR, *allumant le troisième feu.*

Dernier feu.

BARBAZE.

Hâtons-nous! Mille... C'est l'apogée?
Personne ne dit mot?

ZAB, *à part.*

Quel bavard!

BARBAZE, *voyant mourir le dernier feu.*

Adjugée!

LE DEUXIÈME ASSESSEUR, *à Zab.*

Monsieur, mille florins à verser. Sont-ils prêts?
Payez-vous comptant?

ZAB.

Oui. Je ne veux pas de frais.

Il verse l'or, que pèse l'assesseur.

BARBAZE.

Suivez votre mari, Fouquette. Et bonne chance!

ZAB, *à part, après le versement.*

Rude saignée!

A Fouquette, en lui offrant le bras.

O mon amour!

FOUQUETTE, *à part.*

L'horrible engeance!

BARBAZE, *à un huissier.*

Introducteur, mandez la seconde à présent.

Consultant la liste.

C'est Blandine Desprez.

On fait avancer Blandine.

QUATRIÈME ENCHÉRISSEUR.

Vingt florins.

DEUXIÈME ENCHÉRISSEUR.

Trente.

PREMIER ENCHÉRISSEUR.

Cent.

BARBAZE.

Cent florins... Ce que d'elle on voit et l'on devine
Vaut tout l'or du Pactole, amis. Point de lésine!

QUATRIÈME ENCHÉRISSEUR.

Cent cinq.

BARBAZE.

Enchérissez, poussez ferme.

DEUXIÈME ENCHÉRISSEUR.

Cent dix.

PREMIER ENCHÉRISSEUR.

Cent vingt.

BARBAZE.

Cent vingt florins, vous.

PREMIER ASSESSEUR, *allumant un feu.*

Premier feu.

BARBAZE.

Jadis
On était plus galant.

PREMIER ASSESSEUR, *allumant un autre feu.*

Second feu.

BARBAZE.

Qu'on se presse !...
Il est temps.

PREMIER ASSESSEUR, *allumant un troisième feu.*

Dernier feu.

BARBAZE, *les yeux sur Blandine.*

Vrai joyau de tendresse !
Vous la regretterez à coup sûr, mais en vain.
Personne ne dit mot ?

Le dernier feu s'éteint.

Adjugée à cent vingt !

ZAB, *à Fouquette.*

Allons-nous-en. Vois-tu, je n'aime pas le monde.

FOUQUETTE.

Pour Gordane, restons.

ZAB, *avec ennui.*

Soit !

BARBAZE, *à une troisième jeune fille.*

C'est à vous, Raymonde.

ZAB, *à voix basse.*

Fouquette, il faut m'aimer; tu me coûtes si cher!

FOUQUETTE, *haussant les épaules.*

Ça m'avance beaucoup!

BARBAZE, *montrant Raymonde.*

L'œil est vif, le teint clair;
Qui prend l'aimable enfant?

On se tait.

Parlez!

On se tait toujours.

Nul ne se lance?
Est-on muet? Eh bien?... Le pénible silence!

A Japiot qui s'approche pour voir.

On enchérit?

JAPIOT, *se dérobant avec un geste de dénégation.*

Bé!

BARBAZE.

Non?... Ainsi, pas un denier!
Où sont donc nos vaillants florins de l'an dernier?
Du cœur, messieurs!

Silence général.

Qu'on montre alors toutes nos belles...
Vous pouvez demander l'une ou l'autre d'entre elles.

Aucune enchère ne se produit.

Quoi?... Rien!...

Le silence se prolonge.

Puisque les gens sont si pauvres, passons
A la catégorie où l'on offre aux garçons
Un encouragement pour épouser. C'est triste.

Prenant une nouvelle liste des mains de l'assesseur.

Gordane Pourlaillon, messieurs, ouvre la liste.
Veuillez nous présenter Gordane, introducteur.

Gordane est amenée. Rires. Elle se cache le visage.

Ne vous cachez pas trop!

A l'assistance.

Avons-nous amateur?

JAPIOT.

Moi!

BARBAZE.

Quelle indemnité réclamez-vous, mon brave?

JAPIOT.

Bé! six mille florins.

ZAB.

Le brigand!

BARBAZE.

C'est très grave.
Quelqu'un la prendrait-il pour moins d'argent?

CINQUIEME ENCHÉRISSEUR.

Moi!

SIXIÈME ENCHÉRISSEUR.

Moi!

BARBAZE, *au cinquième enchérisseur.*

Vous, à ma gauche, un prix d'abord. Vous restez coi?

CINQUIÈME ENCHÉRISSEUR.

J'en veux cinq mille.

BARBAZE, *au sixième enchérisseur.*

Et vous?

SIXIÈME ENCHÉRISSEUR.

Quatre mille.

CINQUIÈME ENCHÉRISSEUR.

Trois mille.

BARBAZE.

Trois mille florins.

JAPIOT, *à part.*

Bé! je me fais de la bile.
Suis-je sot!

BARBAZE, *au sixième enchérisseur, qui lève la main.*

Que dit-on, là?

SIXIÈME ENCHÉRISSEUR.

Deux mille cinq cents.

CINQUIÈME ENCHÉRISSEUR.

Deux mille.

BARBAZE.

Allons, messieurs; hâtez-vous!

JAPIOT.

Je descends
A mille.

PREMIER ASSESSEUR, *allumant un feu.*

Premier feu.

JAPIOT, *à Barbaze.*

C'est pour moi.

BARBAZE, *avec un signe affirmatif.*

Voyez vite!

PREMIER ASSESSEUR, *allumant un autre feu.*

Second feu.

BARBAZE.

Qu'attend-on?

JAPIOT, *anxieux.*

Bé!

PREMIER ASSESSEUR, *allumant un troisième feu.*

Dernier feu.

BARBAZE.

J'invite
A parler sans retard les gens plus modérés.

JAPIOT, *le dernier feu s'éteignant.*

J'ai gagné. La chandelle est morte.

BARBAZE, *à Japiot.*

Vous jurez,
La main sur votre cœur, sans réticence aucune,
D'épouser Gordane?

JAPIOT.

Oh! plutôt mille fois qu'une.

Je le jure, monsieur, et je le jure encor.
Je suis riche! Où peut-on toucher?

Le second assesseur lui remet les sacs d'or donnés par Zab.

Que d'or! que d'or!

BARBAZE.

Maintenant, vous devez emmener votre épouse.

JAPIOT, *après une hésitation.*

Bé! la poule aux florins! Baisons.

Il embrasse Gordane. Puis, observant Fouquette.

L'autre est jalouse.
Je la rattraperai plus tard, adroitement.

BARBAZE, *agitant sa sonnette dans le bruit des bavardages.*

Messieurs, nous suspendons la séance un moment.

Mouvement de la foule et rumeur confuse. On commence à s'en aller.

Un mot de plus! Veuillez écouter... Patience!

On s'arrête et on se tait.

C'est au Parvis que nous reprendrons l'audience;
La princesse Rolande,

Il se découvre respectueusement.

ici, dans peu d'instants,
Doit se prononcer, elle, entre ses prétendants.

Il descend du tribunal, sort avec sa suite, et presque tout le monde quitte la salle.

SCÈNE IV

ZAB, JAPIOT, FOUQUETTE, GORDANE.

GORDANE, *présentant Japiot à Fouquette, tandis que des valets arrangent la salle pour le roi et sa suite.*

Mon mari.

ZAB, *à Japiot.*

Malandrin!

JAPIOT, *à Zab.*

Gueusard!

GORDANE, *à Fouquette.*

Je suis heureuse.

FOUQUETTE.

Tant mieux pour toi!

GORDANE.

Merci! Je deviens amoureuse.

FOUQUETTE.

Espères-tu qu'il va te payer de retour?

GORDANE.

Je le dorloterai si bien, la nuit, le jour,
Qu'il cèdera. Je suis très bonne cuisinière;
Je lui fricoterai des plats à ma manière.

FOUQUETTE, *à part.*

Torchon!

GORDANE.

Il est gourmand. J'ai vu ça.

ZAB, *à part, douloureusement, en contemplant les sacs d'or de Japiot.*

Mon pauvre or!

A Japiot.

Dis, qu'en feras-tu?

JAPIOT, *le tenant à distance.*

Tout! C'est mon droit.

ZAB, *à part.*

Le butor!

JAPIOT.

Mais pourquoi portez-vous ces guenilles infâmes,
Zab?

ZAB.

Tu veux plaisanter.

JAPIOT.

On doit, pour plaire aux femmes,
Être plus élégant.

Fouquette et Gordane entendent et rient.

ZAB, *prenant Japiot par le bras et s'éloignant avec lui des deux femmes.*

Tu crois?

JAPIOT.

Bé! j'en suis sûr.

Fouquette est un tendron, vous êtes un peu mûr;
Soignez-vous bien. Sinon!...

ZAB.

Les drapiers font des notes
Terribles, mon ami, pour les moindres culottes;
Je n'ose plus aller les voir. C'est ruineux.

JAPIOT.

Par quel délire, alors, contracter de tels nœuds?

ZAB, *à Fouquette qui jase avec Gordane.*

Fouquette, en route!

JAPIOT.

Ici, Gordane!

D'une plus grosse voix, aux deux femmes qui ne font pas mine de se presser.

On vous appelle.

Fouquette et Gordane reviennent, chacune auprès de son mari.

ZAB, *sarcastique, à Japiot.*

Ta duchesse a grand air.

JAPIOT, *cérémonieux, à Zab.*

Votre épouse est bien belle.

Au moment où ils vont sortir de scène, entrent le roi Florus, le prince Lothaire, la princesse Rolande, puis les prétendants à la main de la princesse, avec les seigneurs et les dames de la cour.

SCÈNE V

LES MÊMES, FLORUS, LOTHAIRE, ROLANDE, LES PRÉTENDANTS, SEIGNEURS ET DAMES DE LA COUR, DEMOISELLES D'HONNEUR, PAGES, GARDES.

ROLANDE, *à Fouquette et Gordane.*

Ah! voilà les maris qu'on vous donne. Ma foi,
Le tien ne semble pas de trop mauvais aloi,
Gordane; et s'il te bat, tu seras bien battue.

Prenant Fouquette à l'écart.

Toi, Fouquette, on t'aurait transformée en statue,
Que ton joli visage aurait moins de pâleur.
Ma pauvre sœur de lait, je comprends ta douleur;
Je la sens avec toi, j'en souffre. Mais peut-être
Un espoir reste-t-il.

A Florus, à part, tandis que Fouquette essuie une larme.

De son odieux maître,
Vite, délivrez-la, grand-père, vous le roi!

FLORUS, *à part, à Rolande.*

Ils viennent d'être unis, vous voyez. C'est la loi.
Comme à tout ici-bas, l'erreur parfois s'y mêle;
Mais je lui dois respect. Je ne puis rien contre elle,
Et je suis seulement son premier serviteur.

ROLANDE, *même jeu.*

Le fait est révoltant.

FLORUS, *même jeu.*

Brusque et naïve ardeur!
Votre instinct généreux ne connaît pas la vie.

A Japiot et à Zab.

Pour celles qu'en ce jour le destin vous confie,
Braves gens, soyez pleins de tendresse et d'honneur.
Vous ne serez heureux qu'en faisant leur bonheur;
Ne l'oubliez jamais.

Le roi les congédie d'un geste. Zab et Japiot sortent, emmenant chacun sa femme. Florus prend place sur le trône qui lui a été préparé; puis il s'adresse à Rolande.

Et maintenant, ma fille,
C'est à vous qu'il me faut, comme chef de famille
Et comme roi, songer. Rolande, écoutez-moi.
Vous êtes au-dessus de la commune loi;
Et princesse du sang, vous devez, au contraire,
Vous-même faire choix d'un époux.

Montrant Lothaire.

Votre frère
A reçu, comme il sied pour un pareil hymen,
Tous les nobles seigneurs qui briguent votre main.
Vous avez pu, depuis un mois qu'ils sont nos hôtes,
Sur leurs actes, sur leurs prouesses ou leurs fautes,
Les estimer chacun à sa juste valeur.
Les voici. Craignez-vous de m'ouvrir votre cœur?

Un silence.

Vous vous taisez.

ROLANDE.

Je n'ai rien à dire, mon père.

LOTHAIRE, *qui s'est rapproché d'eux, à Rolande.*

L'un de nos beaux amis, sans doute, a su vous plaire;
Daignez au moins sourire et prononcer son nom...
N'auriez-vous distingué personne encore?

ROLANDE.

Non.

FLORUS.

Et d'où vient ce dédain extrême?

ROLANDE.

On veut l'apprendre!
Présentez-les moi donc ici, sans plus attendre,
Vous, Lothaire; et devant chacun d'eux, tour à tour,
Je saurai m'expliquer sur mon manque d'amour.

FLORUS.

Y pensez-vous?

ROLANDE.

J'y tiens.

FLORUS.

Ce n'est pas nécessaire.

LOTHAIRE, *à Rolande, après avoir échangé quelques mots avec les prétendants.*

Les princes vous sauront bon gré d'être sincère.

ROLANDE.

A merveille!

FLORUS.

Insensés!

LOTHAIRE, *lisant le parchemin que vient de lui remettre un premier prétendant qu'il présente.*

Don Gonsalve-César-
Carlos-José-Pédro-Gil-Guzman-Balthazar,
Roi du Guadalquivir, roi de l'Èbre et du Tage,
Seigneur...

Résumant le reste du parchemin.

de tous les fiefs d'Espagne, a l'avantage
De vous offrir son cœur, ses états, ses trésors.

ROLANDE.

Il fait beaucoup d'honneur aux aïeux dont je sors;
Je m'abstiendrai pourtant de partager sa gloire.
Pour loger tant de noms, j'ai si peu de mémoire!
Et mon esprit, distrait même aux jours de gala,
Resterait mal fidèle à tous ces titres-là.

Don Gonsalve se retire en saluant avec une arrogance compassée.

LOTHAIRE, *présentant derechef.*

Lord Wilfrid.

ROLANDE.

L'amour pur est-il ce qui l'enivre?

Lord Wilfrid éclate de rire et disparaît.

LOTHAIRE.

Robert d'Anjou.

ROLANDE.

Par trois bouffons il se fait suivre.

Robert d'Anjou sort, après une pirouette de vaniteuse insouciance.

LOTHAIRE.

Éric, prince héritier de Norvège.

ROLANDE.

Un requin!

Éric s'éloigne tout décontenancé.

LOTHAIRE.

Bohémond de Palerme.

ROLANDE.

Est-ce Mars ou Vulcain?

FLORUS.

Silence! et laissez-moi, sans insulte nouvelle,
Leur demander pardon pour vous, enfant cruelle.
J'attendais; j'espérais vous voir livrer au jour,
Devant l'élu secret, un ombrageux amour,
Voilé quelques instants de factice assurance.
Dès l'abord, j'aurais dû dompter votre insolence;
Mais envers vous, que Dieu, de ma postérité,
Conserva seule, avec Lothaire, à mon côté,
Je suis si faible, moi, l'aïeul dont le front penche,
Que pour mon sceptre d'or et pour ma tête blanche
Vous avez pu manquer de respect filial.

ROLANDE.

Grand-père!

FLORUS.

Ah! retrouvez un cœur vraiment royal.

ROLANDE.

Ai-je donc oublié mon rang, mon nom, ma race?

Tous, ils m'avaient permis de leur parler en face;
Et ne devrait-on pas, au lieu de s'affliger,
M'approuver à part soi de les décourager?
Je sens que je perdrais chez eux, pâle captive,
Ce qui fait que la vie est digne qu'on la vive;
Les sentiments étroits que je hais, que je crains,
Perçaient dans leurs yeux faux et leurs rires contraints.
Si l'un d'eux eût bondi sous l'offense et, farouche,
Se fût dressé vers moi pour me fermer la bouche,
N'eût-il été que duc ou simplement marquis,
Du coup mon cœur peut-être aurait été conquis.
Que n'ai-je vu soudain luire en des yeux de flamme
L'éclair d'orage ouvrant les profondeurs d'une âme!
Oh! ma réponse alors, père, n'eût point déçu
Votre espoir. Par malheur, je n'ai rien aperçu,
Rien!

FLORUS.

Quel astre funeste, aux jours de votre enfance,
Rolande, a mis sur vous une étrange influence?
Naguère vous restiez des étés, des hivers,
Éprise avec transport de musique et de vers.
Maintenant, chasseresse au cœur âpre, aux yeux mornes,
Vous traquez par les bois les loups et les licornes.
Le ciel, même dans vos caprices les plus fous,
A daigné se montrer fort indulgent pour vous;
Mais aura-t-il longtemps une douceur pareille?
Le tentateur auquel Ève prêta l'oreille,
Et qui voua ce monde à la souffrance, au deuil,
Fut, souvenez-vous-en, le démon de l'orgueil.

ROLANDE.

L'orgueil? Eh! n'est-il pas bien plus en vous, les hommes?
Nous autres, femmes, nous, pauvresses que nous sommes,
Vous nous méprisez! Oui, parce que je prétends
Pour l'amour et l'honneur garder purs mes vingt ans,
Vous m'accusez, mon père, au lieu de me défendre.
Comme chacune ici, pourquoi ne pas me vendre?
Franchement, si j'encours votre sévérité,
C'est qu'en moi je maintiens haute la liberté,
Qu'avec tant de cynisme et de laideurs affreuses
Partout on foule aux pieds dans mes sœurs douloureuses.
Honte à la triste loi qui, sous couleur d'hymen,
N'est que l'abaissement fatal du genre humain!
Si vous voulez des fils vraiment beaux, vraiment braves,
Que d'abord ils n'aient pas pour mères des esclaves;
Ou craignez que demain un peuple qui fut grand
Ne soit plus qu'une proie offerte au conquérant.

FLORUS.

La femme est une frêle et sainte créature,
Esclave, non de nous, mais bien de la nature,
A qui l'homme doit aide, et qui doit, en retour,
Aimer et s'honorer par un fidèle amour;
Elle est notre compagne et non notre victime.
Beauté, vertu, tel est son rôle; il est sublime.
Ce qu'on lit dans nos lois, le ciel nous l'a dicté;
Et, mieux que vos vingt ans, il sait la vérité.

ROLANDE.

N'ayant aucun penchant et nulle préférence,
Je ne puis pourtant pas, en semblable occurrence,

Pour me résoudre au choix que vous me demandez,
Offrir la courte paille ou remuer les dés.

FLORUS.

Vous voilà revenue à votre raillerie.

ROLANDE.

Eh bien! si le ciel veut enfin qu'on me marie,
Qu'il décide lui-même et choisisse pour moi.
Se trouve-t-il encore un homme, ayant la foi,
Qui ne m'ait point gardé rancune, et qui persiste
A désirer ma main? Si ce mortel existe,
S'il est là, qu'il écoute! Il saura le moyen
De me lier à lui d'un éternel lien
Ou de se préparer de promptes funérailles.
Sur le torrent qui roule au pied de ces murailles,
Sur le Rhultor, jadis, dans une antiquité
Dont nul n'a plus mémoire aujourd'hui, fut jeté,
Par les démons, suivant les uns, par les archanges,
Selon d'autres, un pont aux sculptures étranges,
Que les siècles n'ont pu détruire en s'écoulant
Et que les gens d'ici nomment le Pont Croulant.
Ce périlleux passage, effroi d'un cœur vulgaire,
J'exige que, monté sur son cheval de guerre,
Le hardi champion de ma personne épris
Le franchisse. Ma main, seigneurs, est à ce prix.

FLORUS.

Que dites-vous?

ROLANDE.

Il faut, devant Dieu je le jure,
Pour m'épouser, sortir vainqueur de l'aventure.

LOTHAIRE.

Ce Pont Croulant, depuis bien des ans révolus,
Le plus écervelé ne s'y compromet plus.
Chaque jour s'en détache un morceau. La grande arche
Est prête à s'effondrer, même sans qu'on y marche;
Les chamois en ont peur dans le bruit du torrent,
Et rien que d'y songer le vertige me prend.

ROLANDE.

D'accord!

LOTHAIRE.

Non, chère sœur! Montrez-vous moins hautaine,
N'en exigez pas tant. C'est une mort certaine.

ROLANDE.

Je ne contrains personne à braver le péril,
Mon frère. Loin de là!

LOTHAIRE, *à trois seigneurs qui avancent.*

Quelqu'un accepte-t-il?

UN PRÉTENDANT.

Oui.

UN AUTRE PRÉTENDANT.

J'accepte.

UN TROISIÈME PRÉTENDANT.

J'accepte aussi, moi.

LOTHAIRE.

Prenez garde!
On n'en reviendra pas, pour peu qu'on s'y hasarde.

DEUXIÈME PRÉTENDANT.

Peut-être.

TROISIÈME PRÉTENDANT.

Je saurai lui prouver mon amour.

PREMIER PRÉTENDANT.

Je veux la mériter, sans différer d'un jour.

FLORUS, *à Rolande.*

Vous avez entendu... Vous restez interdite.
Les condamneriez-vous?

LOTHAIRE, *à Rolande.*

Ah! rétractez bien vite
Les quelques mots très mal interprétés par eux,
Et que vous n'aviez pu croire aussi désastreux!

ROLANDE.

Ne puis-je, sans paraître ou folle ou criminelle,
Disputer mon honneur et mon âme éternelle
A ceux qui prétendraient m'obtenir malgré moi?

FLORUS.

Mais ils vont succomber pour vous, si nul émoi
Ne gagne, ne fléchit votre cœur indocile.

ROLANDE.

Qu'ils se rétractent donc, eux! Rien n'est plus facile.
Moi, puisque j'ai juré, je tiendrai mon serment.

LOTHAIRE.

C'est par trop de rigueur.

FLORUS, *à Rolande.*

Craignez le châtiment!

ACTE II

Dans la campagne de Luiserne, à l'entrée des jardins royaux.
Plus loin, sur le Rhultor, on entrevoit le Pont Croulant.

SCÈNE PREMIÈRE

FLORUS, LOTHAIRE, LA SUITE DE FLORUS.

FLORUS.

Non, rien ne me rend plus la paix intérieure.
J'ai beau chercher l'oubli, le silence; à toute heure
Une pensée, un mot ravive mes chagrins.
Quatre jeunes gens fiers, tous princes souverains,
Ont fini sous nos yeux dans une mort stérile.

LOTHAIRE.

Il me semble les voir, là, pleins d'espoir fébrile,
A cheval devant nous, au-dessus du ravin.
Nous fîmes tout pour les arrêter. Tout fut vain.

FLORUS.

Jadis, Rolande avait une bonté si franche!
Je songe aux voyageurs sauvés de l'avalanche,

Qu'elle voulut veiller sans repos, nuit et jour,
Elle-même.

LOTHAIRE.

Une fois, des rustres d'alentour,
Ayant pris des oiseaux, leur crevaient les prunelles;
Contre la lâcheté de ces brutes cruelles,
Je me rappelle encor ses larmes, son courroux.

FLORUS.

Ah! que n'avons-nous pu la garder près de nous,
Lui parler à loisir, sans témoin qui l'irrite!
Pourquoi, secrètement, a-t-elle été si vite
S'enfermer seule, au loin, dans cette vieille tour?
Lorsque, si tard, hélas! on obtint son retour,
Le dernier prétendant, au fond du précipice,
Avait été brisé.

LOTHAIRE.

Quelque noir maléfice
A fait passer en elle un délire exalté.

FLORUS.

Mais la procession, devant le Pont Hanté,
Saura, par le secours des formules bénies,
Exorciser enfin les malfaisants génies.

LOTHAIRE.

Dieu le veuille!

FLORUS.

O Dieu bon, je joins vers vous les mains.
Vous savez combien sont aveugles les humains;
Ramenez mon enfant à la douceur première.
Et vous, Vierge Marie, espérance et lumière,

Au nom de votre fils Jésus, divin martyr,
Pénétrez-la d'un pur et profond repentir.
Nous vous implorons tous, écoutez notre plainte.

Chant religieux à la cantonade.

LOTHAIRE.

Voici venir déjà la procession sainte.

Florus et Lothaire vont se joindre à la procession.

SCÈNE II

JAPIOT, GORDANE.

JAPIOT, *portant des fleurs et des fruits.*

Ton chemin est par là, le mien est par ici.
A tantôt.

GORDANE, *courant après Japiot qui s'éloigne.*

Le méchant!

JAPIOT, *s'arrêtant, avec mauvaise humeur.*

Quoi?

GORDANE.

Me quitter ainsi!
Pas un baiser?

JAPIOT.

Peut-on être après toi sans cesse?
Tu vas au marché. Moi, je vais chez la princesse;

Il faut que je lui porte, encor fraîches, tu vois,
Ces branches d'églantier et ces fraises des bois.
Fruits et fleurs. D'aujourd'hui, je suis, sur ce chapitre,
Grâce à madame Zab, son fournisseur en titre.

GORDANE.

Cette Fouquette!

JAPIOT.

Elle a tant d'amitié pour toi!

GORDANE.

Menteur! Elle t'a fait donner un tel emploi
Pour que dans tous les coins tu lui contes fleurette.

JAPIOT.

Allons donc!

GORDANE.

Je vois bien votre entente secrète.

JAPIOT.

Tu vois trouble et je crois que tu perds la raison.

GORDANE.

Au palais, l'intrigante, elle entre sans façon,
Va, vient, fait les cent tours...

JAPIOT.

Quoi que tu débagoules,
Ne suis-je pas un coq assez bon pour deux poules?

GORDANE.

Pour deux? Pas seulement pour une!

JAPIOT.

C'est trop fort.

GORDANE.

Il bâfre tout le jour, toute la nuit il dort.

JAPIOT, *lui secouant rudement le bras.*

Je ne suis pas brutal, mais, quand on m'exaspère,
Je deviens, prends-y garde, un terrible compère.

GORDANE, *se mettant à pleurer.*

Hi! hi!

JAPIOT.

Ne pleure pas, mon trognon!

Il l'embrasse et la chatouille, elle ne peut s'empêcher de rire.

Elle a ri.

GORDANE, *essuyant ses yeux.*

L'enjôleur!

JAPIOT, *l'embrassant encore, puis la quittant.*

Au revoir.

GORDANE.

Pas trop tard, gros chéri!

Ils s'éloignent, chacun de son côté.

SCÈNE III

JAPIOT, *seul.*

Quand Gordane a disparu, il revient avec précaution, en se cachant parmi les arbres.

Ouf! la voilà partie enfin! Sombre corvée!
Fouquette, heureusement, n'était pas arrivée.

Prêtant l'oreille et guettant.

Qui va là ?... Zab avec Barbaze... Laissons-les;
Je retrouverai bien Fouquette.

S'abritant pour éviter Zab et Barbaze qui s'approchent.

Oh ! qu'ils sont laids !

Il leur tire la langue, et sans avoir été vu par eux, il se perd sous les branches.

SCÈNE IV

ZAB, BARBAZE.

BARBAZE.

Entre nous, mon ami, qu'est-ce qui vous tourmente ?

ZAB.

Rien.

BARBAZE.

J'y perds mon latin. Votre femme est charmante.

ZAB.

Il se peut.

BARBAZE.

Tout est fait pour vous rendre heureux.

ZAB.

Oui.

BARBAZE.

Vous devriez avoir le cœur épanoui.

ZAB.

Je l'ai.

BARBAZE.

Bien vrai ?

ZAB.

Bien vrai.

BARBAZE.

Pourtant, Dieu vous bénisse,
Vous m'avez plutôt l'air de couver la jaunisse.

ZAB.

C'est mon teint naturel.

Il veut s'éloigner.

BARBAZE.

Quelle humeur aujourd'hui !
Soyez sincère, Zab. Avez-vous un ennui
D'argent ? Mille florins, c'est une forte somme.
Peut-on vous obliger ?

ZAB, *lui serrant la main.*

Vous êtes un brave homme.

BARBAZE.

Je donne un bon conseil quand on en a besoin.

ZAB.

Eh bien !...

Il regarde avec défiance autour de lui.

Sommes-nous seuls ?

BARBAZE.

Seuls. Tout le monde est loin.

ZAB.

J'ai peur des gens. Mais vous, assurément, vous êtes
Trop vieux et trop vilain pour faire des conquêtes.

Barbaze, vexé, fait mine de quitter Zab qui le retient.

Ma femme...

BARBAZE, *intéressé, à part.*

Ah! ah!

ZAB, *piteusement.*

Je suis pour elle un étranger.

BARBAZE.

Aurait-elle encor droit à la fleur d'oranger?

ZAB.

Oui.

BARBAZE.

Vous plaisantez.

ZAB.

Non.

BARBAZE, *se contenant pour ne pas rire.*

Zab, vous me faites peine.

ZAB.

Elle a pleuré d'abord comme une Madeleine.

BARBAZE.

Ça pleure à volonté, les femmes.

ZAB.

J'ai voulu
La consoler.

BARBAZE.

C'était votre droit absolu.

ZAB.

Alors, elle s'est mise à rire.

BARBAZE.

Et vous?

ZAB.

Ma tête,
Barbaze, la faisait pouffer. J'en restais bête.

BARBAZE.

Moi, j'aurais tout brusqué, sans jouer au plus fin.

ZAB.

Devinez ce qu'a dit l'effrontée, à la fin.
C'est incroyable.

BARBAZE.

Bah!

ZAB.

« Monsieur, me lança-t-elle,
La princesse est pour moi, qui l'admire, un modèle.
Vous savez quelle épreuve à tout galant seigneur
Elle impose. Je vous ferai le même honneur.
Voulez-vous qu'à vos feux je devienne propice?
Auparavant, passez le pont du précipice! »

BARBAZE.

Elle a le diable au corps.

ZAB.

« Mais, a-t-elle repris,

Outre qu'un bon cheval est toujours d'un haut prix,
En équitation vous êtes un profane.
Donc, pour ce bel exploit, mon vieux, prenez un âne. »

BARBAZE, *riant malgré lui.*

Un âne !

ZAB.

Vous trouvez ça drôle ?

BARBAZE.

Presque pas.
Fouquette vous a mis dans un fort mauvais pas.

ZAB.

Si je divorçais ?

BARBAZE.

Oh !

ZAB.

Tant de froideur m'atterre.

BARBAZE.

Pour divorcer, il vous faudrait un adultère
Flagrant, et constaté par des gens très malins.

ZAB.

Rentrerais-je du coup dans mes mille florins ?

BARBAZE.

La moitié seulement vous serait, par justice,
Allouée aussitôt sur les biens du complice,
Qui devrait épouser Fouquette, d'autre part.

ZAB.

Supposons-le déjà marié, le pendard.

BARBAZE.

Le cas entraînerait un deuxième divorce.

ZAB.

Qu'on soit plus généreux, s'il faut à toute force
Que nous en venions là ! Vous dites la moitié
De mon argent. Mettons les trois quarts.

Sur un geste négatif de Barbaze.

Par pitié !

BARBAZE.

Je n'y puis rien.

ZAB.

Songez qu'elle n'est pas encore...

BARBAZE.

J'entends. L'autorité, mon cher Zab, en ignore.

ZAB.

Ce n'est pas juste. A quoi sert donc l'autorité ?

Zab se prend la tête avec désespoir et s'éloigne à grands pas.

SCÈNE V

BARBAZE, *seul.*

Ce dont il geint si fort, il l'a bien mérité.
Il croyait que l'amour, l'amour avec sa rose,

S'achète à beaux deniers comptants, comme autre chose!
Je m'y prends mieux.

Il entend Fouquette chanter à la cantonade.

Fouquette!... Et l'on chante, et l'on rit.

Il la regarde venir.

Rien qu'à la voir, je sens mon cœur qui refleurit.

FOUQUETTE, *chantant, d'abord à la cantonade, puis en scène.*

I

A quoi la beauté sert-elle?
Chantez!
Chantez sous la feuille nouvelle;
Chantez, demoiselle!

II

C'est pour l'amour qu'on est belle.
Sautez!
Sautez sous la feuille nouvelle;
Sautez, demoiselle!

BARBAZE, *allant au-devant de Fouquette.*

Bonjour, ma chère enfant; vous avez une voix
Qui doit rendre jaloux tous les oiseaux des bois.
A la place de Zab, quel époux exemplaire
Je ferais!

FOUQUETTE.

Vous, monsieur Barbaze?

BARBAZE.

Pour vous plaire,
J'accomplirais sans cesse un miracle nouveau.
Je voudrais vous combler. Oui!

FOUQUETTE.

Ce serait trop beau.
Rajeunissez d'abord de quelque vingt années;
Puis nous aviserons.

BARBAZE.

Les vieilles cheminées
Font souvent meilleur feu que les neuves.

FOUQUETTE.

Vantard!

BARBAZE.

Nullement. Pour aimer, il n'est jamais trop tard.

Il se rapproche de Fouquette.

FOUQUETTE.

Tenir pareils propos, un homme de justice!

BARBAZE.

Je vous adore.

FOUQUETTE.

Assez! Faut-il que j'avertisse
Le respectable époux à qui j'ai tant coûté?

BARBAZE.

Laissez-le sur son âne.

FOUQUETTE, *riant.*

Est-ce qu'il l'a bâté?

BARBAZE.

Il parle de divorce.

FOUQUETTE.

On s'entendrait sans peine.
Mon ami, faites-nous divorcer. Riche aubaine!
Je vous embrasserai de bon cœur, ce jour-là.
Délivrez-moi.

BARBAZE.

Parfait! Seulement, pour cela,
J'exige une petite avance d'honoraires;
Réglons de vous à moi, sans intermédiaires.
Voyons! rien qu'un baiser.

Il essaie d'embrasser Fouquette.

SCÈNE VI

LES MÊMES, JAPIOT.

JAPIOT, *survenant et se plaçant entre Fouquette et Barbaze, si bien que celui-ci l'embrasse en voulant embrasser Fouquette.*

Vous m'aimez donc bien fort,
Monsieur le juge?

BARBAZE, *s'essuyant la bouche avec dégoût.*

Pouah!

JAPIOT.

Mais vous n'auriez pas tort.

Sur une grimace de Barbaze.

Est-ce le grand soleil qui vous met la cervelle
A l'envers?

BARBAZE.

Laisse-nous!

JAPIOT, *prenant un air très sérieux.*

J'avais une nouvelle
A vous apprendre.

BARBAZE.

Va!

JAPIOT.

C'est peu divertissant.
Dans votre état, j'ai peur pour vous d'un coup de sang.

BARBAZE.

Tu ris.

JAPIOT.

Je ne ris point.

BARBAZE.

Peste du préambule!

JAPIOT.

Puisque vous le voulez, soit! Votre maison brûle.

BARBAZE.

Ma maison brûle?

JAPIOT.

Aussi, je vous cherchais partout.
Bé! quel feu! Ça s'est mis à flamber tout d'un coup,
Et ferme.

BARBAZE.

Dieu du ciel, ma maison !

Il sort en courant.

SCÈNE VII

JAPIOT, FOUQUETTE, *puis* ZAB *et* GORDANE.

FOUQUETTE.

Le pauvre homme !

JAPIOT, *riant.*

Innocente !

FOUQUETTE.

C'était un mensonge ?

JAPIOT.

Ou tout comme.

Une attrape, un bon tour.

FOUQUETTE, *riant aussi.*

Que d'aplomb !

JAPIOT, *embrassant Fouquette par surprise.*

Il en faut.

FOUQUETTE.

Pas tant que ça !

JAPIOT.

Pourquoi ?

Il veut l'embrasser encore.

FOUQUETTE.

Finirez-vous bientôt?

Il l'embrasse de plus belle.

ZAB, *survenant sans être vu de Japiot ni de Fouquette et se cachant pour les épier.*

Hein!

FOUQUETTE.

Zab avait pris soin de m'enfermer.

JAPIOT.

N'importe!

On sort par la fenêtre, à défaut de la porte.

FOUQUETTE.

C'est ce que j'ai pensé, tiens! S'il n'est pas content,
Voilà pour lui.

Elle fait un pied de nez du côté de Zab qui, toujours caché, lève le poing, de loin, contre Japiot et Fouquette. D'autre part, arrive Gordane, juste au moment où recommence l'embrassade. Gordane, suffoquée, s'arrête et se cache, de son côté, pour voir et écouter en secret.

GORDANE, *à part, avec une rage contenue.*

Le lâche!

JAPIOT, *faisant, à son tour, un pied de nez du côté de Gordane invisible.*

Et moi, j'en fais autant
Pour Gordane. La bête affreuse! elle m'assomme.

FOUQUETTE.

Ils se valent, c'est sûr.

JAPIOT.

Quelle femme!

FOUQUETTE.

Quel homme!

Fureur muette de Zab et de Gordane.

JAPIOT.

On ne ménage rien avec un tel mari.

FOUQUETTE.

« Mes florins, mon pauvre or! » toujours son même cri.
N'était sa jalousie atroce, dans la rue
Monsieur me laisserait m'en aller toute nue.

ZAB, *à part, avec colère.*

Menteuse!

JAPIOT.

Elle, Gordane, il faut voir ses façons
Quand j'en regarde une autre. Ah! nous nous amusons.
Elle hurle.

Il rit. Exaspération de Gordane, toujours cachée.

Alors, moi, je tape sans vergogne.

FOUQUETTE.

Très bien!

GORDANE, *à part.*

Les scélérats!

FOUQUETTE.

Je bats Zab aussi.

JAPIOT.

Cogne!

Guerre au vieux grippe-sou!

FOUQUETTE.

Foin du torchon malsain!

JAPIOT, *attirant Fouquette vers lui.*

Vengeons-nous tous les deux, veux-tu?

Zab et Gordane, ne pouvant plus contenir leur indignation, se précipitent en même temps, l'un sur Fouquette, l'autre sur Japiot.

ZAB.

Gueuse!

GORDANE.

Assassin!

Fouquette et Japiot se dérobent si prestement, que Zab et Gordane, ayant pris leur élan pour les gifler, n'arrivent qu'à se gifler l'un l'autre.

SCÈNE VIII

ZAB, GORDANE.

GORDANE.

Zab!

ZAB.

Je saigne.

GORDANE.

Tant mieux!

ZAB.

Sans vous, elle était prise

Sur le fait.

GORDANE.

Il est loin, grâce à votre sottise.

ZAB, *regardant à droite et à gauche.*

Retrouvons-la!

GORDANE, *même jeu que Zab.*

Par où le païen a-t-il fui?

ZAB, *s'en allant.*

C'est à la massacrer.

GORDANE, *s'en allant aussi.*

Si je le tenais, lui!

Zab et Gordane se heurtent par mégarde, tant leur fureur les absorbe; ils sont sur le point de se gifler encore et finissent par quitter la scène, chacun de son côté, en maugréant.

SCÈNE IX

FOUQUETTE, *puis* ROLANDE
et SES FILLES D'HONNEUR.

Fouquette sort du bouquet d'arbres où elle s'était cachée, s'assure que Zab et Gordane sont loin et s'avance sur le premier plan en éclatant de rire.

FOUQUETTE, *seule.*

Ils ragent!

Elle recommence à rire, mais s'arrête subitement, en voyant paraître Rolande. La princesse écarte d'un signe les demoiselles d'honneur qui l'accompagnent, et s'approche de Fouquette.

ROLANDE.

Tu n'as plus de chagrin.

FOUQUETTE, *interdite.*

Mais...

ROLANDE.

Sois franche!

FOUQUETTE.

Gordane et Zab se sont giflés. C'est ma revanche;
Zab m'a tant fait pâtir. Enfin, si vous vouliez,
Tous ces grands ennuis-là seraient vite oubliés.

ROLANDE.

Explique-toi.

FOUQUETTE.

C'est dit, j'entre à votre service.
Je m'y ferai bientôt, n'étant pas trop novice;
Et Zab n'osera plus me maltraiter du tout.

ROLANDE.

Je te prends volontiers.

FOUQUETTE, *à part.*

Puisse, du même coup,
Ce pauvre Japiot, pour l'emploi qu'il espère,
Être bien accueilli chez le prince Lothaire!

ROLANDE, *pensive.*

Ah! si je pouvais fuir vers un pays nouveau!

FOUQUETTE.

Vous êtes libre, vous, libre comme l'oiseau.

ROLANDE.

Tais-toi! Je garde au cœur une amère souffrance.
Certes, j'avais la plus profonde indifférence
Pour mes persécuteurs, mais sans rien de haineux.
Que voulais-je? abolir toute espérance en eux.
Puis ils sont morts, dans leur tentative insensée;
Et j'y songe en pleurant.

FOUQUETTE.

Je n'ai point de pensée
Irrévérente; non, je les plains avec vous.
Mais beaucoup trop souvent les hommes sont jaloux,
Sots, méchants et pareils à des bêtes de proie.

ROLANDE.

Que de douleur sur terre, et combien peu de joie!
Le mal est-il vraiment nécessaire ici-bas?

FOUQUETTE.

Qui peut savoir? Pour moi, je ne m'y soumets pas.

On entend à la cantonade le chant de la procession.

SCÈNE X

Les Mêmes, FLORUS, LOTHAIRE,
Seigneurs de la Cour, *puis* VIVIEN *et* NOÉLIE.

Florus et Lothaire reviennent, avec leur suite; ils s'arrêtent auprès de Rolande.

FLORUS, *à Rolande.*

Quand vous verrai-je donc un repentir sincère,
O ma fille?

ROLANDE.

Quand donc sentirez-vous, grand-père,
Ce qu'est votre loyale enfant?

FLORUS.

Et si demain
Quelque nouveau venu, demandant votre main,
Se présentait, malgré ma prière éperdue,
Pour braver à son tour cette épreuve qui tue!

ROLANDE.

Après ceux qui se sont aventurés là-bas,
L'osera-t-on? D'ailleurs, ne vous souvient-il pas
Que pour moi désormais la parole jurée
Est scellée en leur sang et quatre fois sacrée?
J'ai tenu mon serment, je le tiendrais encor.

FLORUS.

Parfois, je crois entendre au loin sonner du cor,
La nuit, dans le silence effrayant des ténèbres.
La peur alors me glace. Oh! ces notes funèbres!
Signal que je comprends trop vite! Et sur-le-champ,
Un cavalier paraît, qui, déjà, s'approchant,
Montre du doigt le pont maudit.

On sonne du cor à la cantonade.

Est-ce mon rêve?
Suis-je bien éveillé, qu'il me hante sans trêve?

Nouvelle sonnerie, plus rapprochée.

Mais vous entendez tous le son de l'olifant.
Qui vient? que nous veut-on?

Troisième sonnerie, plus proche encore. Florus regarde Rolande stupéfaite.

La malheureuse enfant!

Dans le silence anxieux de tous les assistants, Vivien et Noélie, celle-ci en costume d'écuyer de Vivien, paraissent au fond de la scène.

Nul doute! Et ce n'est pas un songe qui m'abuse,
Hélas!

Vivien et Noélie vont au roi et s'inclinent devant lui.

VIVIEN.

Sire, j'ai nom Vivien, prince de Luze;
Je suis l'humble servant de Votre Majesté.

FLORUS.

Vous êtes d'un lignage à bon droit respecté,

Et qui sut conquérir la gloire la plus haute;
Dites-nous quels desseins vous font ici notre hôte.

VIVIEN.

Illustre roi, je veux affronter, Dieu m'aidant,
L'épreuve du Rhultor, comme à tout prétendant
Croit devoir l'imposer votre très noble fille.

En parlant, il a rencontré le regard de Rolande, qui, pâle et frissonnante, ne peut dissimuler son émotion.

FLORUS, *à Vivien.*

Une calme fierté, prince, dans vos yeux brille;
Pourtant vous ne pouvez compter sur le succès.

VIVIEN.

Le pensez-vous?

LOTHAIRE.

Plusieurs ont péri.

VIVIEN.

Je le sais.

FLORUS.

Ah! vivez. Un aïeul tremblant vous en adjure.
Renoncez à poursuivre une folle gageure,
Prince; et puisque chacun connaît votre valeur,
Allez, épargnez-nous ce comble de douleur!

VIVIEN.

Je vaincrai.

ROLANDE, *à part.*

Ciel!

Elle a un élan vers Vivien, dont le regard fixe la trouble et l'arrête.

LOTHAIRE, *à Vivien.*

Mais c'est vous condamner vous-même.
N'existe-t-il personne ici-bas qui vous aime,
Personne dont le tendre et pieux souvenir
Puisse, au bord du tombeau sanglant, vous retenir?

VIVIEN, *se tournant vers Noëlie.*

Seul, mon cher écuyer Noël suit ma fortune.
Nous sommes orphelins et sans famille aucune;
Et dans son dévouement il m'approuve.

NOËLIE.

C'est vrai.

LOTHAIRE.

Est-ce qu'un peu plus sage il vous approuverait?

Prenant à témoin les assistants.

Tous vous l'attesteront, l'entreprise est mortelle.

VOIX NOMBREUSES.

Oui!

VIVIEN.

Pardon. La princesse aujourd'hui consent-elle
A ne pas maintenir les termes du serment?

ROLANDE.

Je voudrais l'infirmer, l'effacer pleinement;
Je ne peux.

VIVIEN.

Moi, j'ai dit.

FLORUS, *à Vivien.*

Réfléchissez encore.

VIVIEN.

Le sort en est jeté.

FLORUS.

Pour tous, je le déplore.
O mon hôte, que Dieu vous reçoive à merci!

ROLANDE, *à part.*

Si jeune, si vaillant, doit-il mourir aussi?

ACTE III

Une salle au palais du roi, entre les appartements du prince Lothaire et ceux de la princesse Rolande.

SCÈNE PREMIÈRE

VIVIEN, NOÉLIE.

NOÉLIE.

Demain, c'est donc demain que l'épreuve aura lieu.

VIVIEN.

J'ai hâte de vous voir quitter, s'il plaît à Dieu,
Cet habillement d'homme où je vous sens confuse,
Et sous lequel, depuis notre départ de Luze,
Vous avez bravement voulu m'accompagner.
J'étais prêt aujourd'hui. J'ai dû me résigner
Au délai que le roi m'a fixé par prudence.
Tous, ils ont peur pour moi.

NOÉLIE.

Fasse la Providence
Que vous leur donniez tort à tous, mon cher Vivien!

VIVIEN.

Auriez-vous peur comme eux, vous qui n'en dites rien,
Vous, Noélie, en qui s'est allié sans cesse,
Au vœu de désarmer l'implacable princesse,
Un courage tranquille, exempt de trouble obscur?
Notre dessein réel est bienfaisant et pur :
Le Rhultor n'aura plus une seule victime;
Le ciel est avec nous, je franchirai l'abîme.

NOÉLIE.

Si rayonnant que soit un pareil horizon,
Je m'énerve, il me vient des larmes sans raison;
Et malgré moi, toujours dans mon esprit persiste,
Depuis notre arrivée, un pressentiment triste.
L'air qu'on respire ici me semble lourd, fatal,
Orageux. Ce n'est plus le doux pays natal
Où, jeunes orphelins unis par la souffrance,
Nous fûmes fiancés, vous et moi, dès l'enfance.
De votre vieux château perdu dans le lointain,
Là-bas, je vous voyais venir chaque matin;
Vous arriviez bientôt devant le monastère
Où, ne rêvant qu'à vous, je vivais solitaire;
Et la fleur qu'au départ me laissait votre amour,
Embaumait tout mon cœur jusqu'au déclin du jour.
Ainsi le temps passait dans la calme nature;
Mais nous sûmes enfin la sinistre aventure,
La révolte de la princesse, le défi,
Et les preux qui pour elle avaient déjà péri.
Comme on est généreux, cher Vivien, quand on aime!
Avec quel prompt accord et quel élan suprême

La même volonté nous transporta tous deux;
Qu'il fut vite formé, ce dessein hasardeux!...

VIVIEN.

Et que notre existence en fut vite ennoblie!
Jusque-là nous étions deux enfants, Noélie;
Un rayon traversa notre âme, et nous fit voir,
Plus haut que le bonheur et l'amour, le devoir.

NOÉLIE.

Heure sainte! Est-ce moi qui parlai la première?

VIVIEN.

Vos yeux étaient remplis de céleste lumière;
Et le serment fut fait. Apaisez votre émoi :
Je crois à la victoire, et dans ma ferme foi
N'entre rien d'indécis ni rien de téméraire.
La passion troublait les autres. Au contraire,
Je reste clairvoyant et je sais le chemin.

NOÉLIE.

Oui, votre bon cheval Joyel, sous votre main,
A toujours triomphé d'un dangereux obstacle;
Oui, mainte et mainte fois, ainsi que par miracle,
Vous l'avez fait passer où tout autre eût fléchi.
L'autre jour, seul, à pied, oui, vous avez franchi,
Dès l'aube, pour trouver une route propice,
Le vieux pont dominant les flots du précipice.
Je vous suivais des yeux. Un hasard, une erreur,
Et vous étiez perdu. J'eus un cri de terreur.
Ah! Vivien, nous avons rêvé d'être sublimes;
Mais quand, si fiers tous deux et si naïfs, nous fîmes

A notre grand projet un si fervent accueil,
N'avons-nous pas péché, nous-mêmes, par orgueil?

VIVIEN.

Nous voulons le salut du prochain, non sa perte.

NOÉLIE.

Ici chaque incident nouveau me déconcerte;
Et vous fûtes surpris, peut-être, autant que moi.
L'auguste gravité, la bonté du vieux roi,
Le désespoir navré qu'il ne savait point taire,
Nous ont fait réfléchir. Puis, le prince Lothaire,
N'avez-vous pas été séduit, tout à la fois,
Par son accent loyal et son charme courtois?
Moi, tandis qu'à l'écart je m'effaçais dans l'ombre,
La princesse, du fond de sa réserve sombre,
Me pénétrait bientôt d'un émoi singulier.
Par moment, son regard semblait vous supplier.
Ce n'était plus la femme évoquée en mes songes,
Impérieuse, dure, aux yeux pleins de mensonges,
Et que je haïssais d'abord, ingénument.
Sous sa morne pâleur, je sentais son tourment;
Je la voyais souffrir, malgré son énergie.
D'elle, enfin, s'exhalait une vague magie
Qui répandait la crainte en mon cœur inquiet.
Plus que son crime encor, sa beauté m'effrayait.
Il m'en reste un frisson.

VIVIEN.

Ayez moins de faiblesse.
Faut-il tant s'alarmer, parce que la princesse

Courbe à présent ce front qu'elle a levé trop haut?
C'est pitié de la voir ainsi.

NOÉLIE.

Plaignons plutôt,
Plaignons ceux qu'ont perdus ses dédains et ses charmes!
Sur son visage altier je n'ai point vu de larmes.

VIVIEN.

Hélas! son cœur farouche et sec, son cœur glacé,
Ne peut s'affranchir seul du funèbre passé.

NOÉLIE.

Plaise à Dieu que demain notre vœu s'accomplisse,
O Vivien! Puissiez-vous abolir le supplice
Qu'inventa froidement sa perfide beauté!
Splendeur d'enfer, frappant les yeux de cécité,
Enchantement des sens mais désespoir des âmes,
Elle a l'éclat mortel de ces menteuses flammes,
Que sur l'océan noir, lorsque au ciel rien ne luit,
Les naufrageurs, dans la tempête, dans la nuit,
Au plus âpre récif de la plage traîtresse
Allument, pour briser le navire en détresse.

SCÈNE II

LES MÊMES, JAPIOT, FOUQUETTE.

Japiot et Fouquette paraissent en même temps, celle-ci d'un côté, celui-là de l'autre; ils sont vêtus, Japiot en valet du prince Lothaire, et Fouquette en suivante de la princesse Rolande.

JAPIOT, *allant à Vivien.*

Le prince est là, chez lui, sollicitant l'honneur
De vous y recevoir un instant, monseigneur.

VIVIEN, *à Japiot.*

Je m'y rends sans tarder.

FOUQUETTE, *abordant Vivien à son tour.*

Monseigneur, la princesse
A votre attention délicate s'adresse
Et compte vous trouver seul, tout à l'heure, ici.

VIVIEN, *à Fouquette.*

Son désir est un ordre.

Vivien et Noélie sont introduits chez le prince Lothaire par Japiot, qui s'incline profondément à leur passage, puis revient vite vers Fouquette.

SCÈNE III

JAPIOT, FOUQUETTE, *puis* BARBAZE.

JAPIOT, *voulant embrasser Fouquette.*

Enfin!

FOUQUETTE, *se défendant.*

Non!

JAPIOT, *même jeu.*

Si!

FOUQUETTE, *même jeu.*

Non!

JAPIOT, *même jeu.*

Si!
Bé! nous voilà dans les honneurs; sois moins maussade.

Il la presse; elle va céder, quand survient Barbaze qui s'interpose; et c'est Barbaze qu'embrasse Japiot en voulant embrasser Fouquette.

BARBAZE, *à Japiot tout interloqué.*

C'est très gentil; tu m'as rendu mon embrassade.
Où donc, farceur, brûlait ton effroyable feu?
Parle!

JAPIOT.

Où donc, en effet? Rappelons-nous un peu.
Ah! j'y suis! C'est de Zab que je tenais la chose.

BARBAZE.

De Zab! A-t-il perdu la tête?

JAPIOT.

Je suppose
Que c'est la jalousie. Il connaît votre goût;
Et pour que vous lâchiez Fouquette, il fit le coup.

BARBAZE.

Il me le paiera.

JAPIOT, *à part, riant.*

Bé!

SCÈNE IV

LES MÊMES, ZAB, *puis* GORDANE.

ZAB, *entrant et apercevant Fouquette.*

La voilà! qu'on l'arrête!
C'est ma femme.

BARBAZE, *giflant Zab.*

Prends ça d'abord, vilaine bête!

ZAB.

Quoi?... Vous!...

9

BARBAZE, *le giflant sur l'autre joue.*

Encaisse encor cet acompte!

ZAB.

Au secours!

BARBAZE.

Et va-t'en voir si ma maison brûle toujours!

ZAB.

Sa maison!

BARBAZE.

Ne fais pas l'ignorant.

ZAB, *reculant avec terreur.*

Qu'est-ce à dire?

Pitié, seigneur Jésus! Barbaze a le délire.

Japiot, qui essaie de s'esquiver, se trouve nez à nez avec Gordane qui entre.

GORDANE, *à Japiot.*

Attends, gredin! Je vais t'arracher les deux yeux.

JAPIOT.

Y verras-tu plus clair, t'en porteras-tu mieux?

Elle veut se jeter sur lui. Barbaze écarte Gordane et tâche de la calmer.

ZAB, *retenant Fouquette qui veut partir.*

Halte!

Montrant Japiot avec mépris.

Ainsi vous choyez ce fat qui se pavane,
Ce filou qui devint le mâle de Gordane

Pour toucher l'or dont j'ai payé vos beaux refrains.
Il me déroberait deux fois mille florins!

Furieux de voir que Japiot le regarde et l'écoute ironiquement.

Mais je porterai plainte aux juges.

FOUQUETTE.

La justice
Vous transformera-t-elle en objet de délice?

ZAB.

Coquine! Il faudra donc solder un spadassin
Pour te défigurer ou te percer le sein?

JAPIOT, *à part.*

Ça chauffe.

FOUQUETTE.

Ah! vous voulez que l'on me défigure!
Je sais un ferrailleur de fort belle stature,
Lequel m'adore, et, pour un tout petit baiser
De moi, s'empressera, Zab, de vous enfoncer
Sa lame sans pareille, à cinq ou six reprises,
Dans le ventre, avec les façons les plus exquises.

ZAB, *intimidé.*

Fouquette!

FOUQUETTE.

Je vous plains.

ZAB.

Est-ce sérieux, dis?

FOUQUETTE.

Me défigurer!

ZAB.

Non!

FOUQUETTE.

Allez, chef de bandits!

ZAB.

Je ne suis pas méchant, pas du tout.

FOUQUETTE.

Que serait-ce,
Bon Dieu, si vous l'étiez?

ZAB.

C'est l'excès de tendresse.
Calme-toi, mon trésor, je t'en prie à genoux.

Il s'agenouille devant Fouquette.

JAPIOT, *à part, riant.*

Bé!

BARBAZE, *appelant Japiot auprès de Gordane qu'il vient d'endoctriner.*

Japiot!

JAPIOT, *à Barbaze.*

Quoi?

BARBAZE.

Viens.

Japiot rejoint Barbaze et Gordane.

Réconciliez-vous.
C'est dans votre intérêt.

Barbaze réunit paternellement Japiot et Gordane.

GORDANE, *voulant se jeter au cou de Japiot.*

Je t'aime trop.

JAPIOT, *l'arrêtant.*

Sois digne.

GORDANE, *avec un soupir.*

Mais au moins baille-moi quelque argent.

JAPIOT.

Mauvais signe!

GORDANE.

Je meurs de faim.

JAPIOT.

Qui? Toi! N'es-tu pas grasse à lard?

GORDANE.

Je vis de charité.

JAPIOT.

Bé! C'est un fort bel art.
Continue.

GORDANE, *reprise de colère.*

Et nos gros sacs d'or iront aux filles!

JAPIOT.

Ils m'ont trop fait peiner pour que tu les gaspilles.

GORDANE.

Tout à cette Fouquette, à ce balai roussi!

FOUQUETTE, *qui s'est rapprochée d'eux avec Zab.*

Tu mens.

GORDANE.

Je te méprise.

BARBAZE, *séparant les deux femmes qui semblent vouloir en venir aux mains.*

Assez! il faut ici
Filer doux.

ZAB, *à Japiot.*

Je pourrais transiger.

JAPIOT.

A quel titre?

ZAB.

Rends-moi l'argent.

JAPIOT.

Jamais!

Japiot et Gordane menacent Zab qui recule.

BARBAZE, *intervenant.*

Prenez-moi pour arbitre.
D'abord, confiez-moi Fouquette et les florins.

JAPIOT.

La belle et l'or!

ZAB, *à Barbaze.*

A vous?

FOUQUETTE, *au même.*

Traître!

GORDANE, *au même.*

Fourbe à tous crins!

A grand bruit ils rudoient Barbaze. Lothaire paraît à la porte de ses appartements.

SCÈNE V

LES MÊMES, LOTHAIRE.

BARBAZE, *à Lothaire.*

Ah, monseigneur !

LOTHAIRE.

Sortez. Plus de clameurs pareilles !
Ou je vous fais couper à tous les deux oreilles.

Quand ils ont tous déguerpi, Lothaire retourne à la porte de ses appartements, soulève la tapisserie, et introduit en scène Vivien avec Noélie.

SCÈNE VI

LOTHAIRE, VIVIEN, NOÉLIE,
puis FOUQUETTE.

LOTHAIRE.

Noël, unissons-nous pour le fléchir enfin.

NOÉLIE.

Après ce qu'il a dit, tout propos serait vain.

LOTHAIRE, *à Vivien.*

Si j'insiste avec vous, c'est moins, je vous le jure,
Par simple humanité que par amitié pure.
Vers vous et vers Noël, malgré votre raideur,
Dès l'heure où je vous vis, fut emporté mon cœur;
Laissez-vous convertir.

VIVIEN, *avec émotion.*

C'est trop de bienveillance.

LOTHAIRE.

Dois-je, pour vous sauver, vous faire violence?

VIVIEN.

Brisons là, cher seigneur, et demeurons amis.

Fouquette paraît au fond du théâtre, et fait signe à Vivien.

Sur le désir de la princesse, j'ai promis,
Ne pouvant lui donner aucune autre réponse,
De l'attendre céans. C'est elle qu'on m'annonce.

LOTHAIRE.

Rolande a désiré vous voir! Est-ce réel?
Soupçonnez-vous pourquoi?

Sur un geste négatif de Vivien.

Laissons-les seuls, Noël.

Lothaire emmène Noélie. Rolande entre en scène et congédie Fouquette.

SCÈNE VII

VIVIEN, ROLANDE.

ROLANDE.

Mon frère vient de vous parler?

VIVIEN.

Je suis encore
Tout ému des bontés dont le prince m'honore.

ROLANDE.

Vous a-t-il bien montré la grandeur du péril?

VIVIEN.

Il n'a rien négligé pour cela.

ROLANDE.

Vous a-t-il
Prouvé que l'entreprise est impossible, folle?

VIVIEN.

Du moins, il l'affirmait très haut.

ROLANDE.

Sur sa parole,
Vous avez dû céder alors.

VIVIEN.

Je ne saurais
Déférer à ses vœux, quels que soient mes regrets.

ROLANDE.

Vous persistez!

VIVIEN.

Daignez m'excuser.

ROLANDE.

L'évidence
Est là, pourtant. D'où vient cette aveugle jactance?
En vous déterminant, vous connaissiez mon nom,
Mon histoire; mais moi, me connaissiez-vous?

VIVIEN.

Non.

ROLANDE.

Ah! fuyez donc. Si vous saviez comme je souffre!

VIVIEN.

Lorsque vous n'avez pu, sur le chemin du gouffre,
Arrêter nul de ceux qui vinrent avant moi,
Pourquoi me demander de reculer; pourquoi
Supposer que je sois moins fier, moins intrépide?

ROLANDE.

Vous êtes le premier vers qui je me décide,
Dieu le sait, à tenter un si pénible effort;
Et vous ne voudrez pas y rester sourd. La mort
A reçu de ma main déjà trop de victimes.

VIVIEN.

Que n'eûtes-vous moins tard ces élans magnanimes!

ROLANDE.

Comment imaginer des hommes assez fous
Pous prendre au mot mon triste et hautain rendez-vous?
Et ne voyait-on pas que par cette bravade
Je voulais seulement, d'un coup, sans discours fade,
Opposer l'impossible à chaque prétendant?
Je me suis défendue.

VIVIEN.

Hélas! cœur imprudent,
Entre l'amour et vous, sans pressentir le crime,
Vous avez mis la mort, vous avez mis l'abîme.
Comme si l'on pouvait être sûr à vingt ans
De ne jamais aimer! Comme si le printemps
Ne devait plus fleurir! Et comme si l'argile
Dont vous fûtes pétrie, était chair moins fragile
Que ne l'est le commun de notre humanité!
Cela ne se fait pas avec impunité.

ROLANDE.

J'eus tort. Je le comprends. Avec des traits de flamme,
Vos paroles soudain ont éclairé mon âme.
O détestable orgueil, emportement fatal!
Savais-je alors, pourtant, que cela, c'était mal?
Je traversais la vie en poursuivant un songe.
Si j'ai péché, c'est par horreur de tout mensonge,
De toute servitude et de tout acte vil.
A présent, me voici jetée en plein péril;

Je m'éveille, et j'entends, à travers la tempête,
Le châtiment terrible éclater sur ma tête.
Au nom de tout ce qui vous est cher et sacré,
Épargnez à mon cœur brisé, désespéré,
La plus navrante honte et le regret suprême;
Ayez pitié de moi, des miens et de vous-même!

VIVIEN.

Je ne saurais pour vous faire une lâcheté.

ROLANDE.

Pourquoi ce mot blessant? L'ai-je aussi mérité?
Soyez juste; et devant mon erreur déplorable
Apprenez à ne point rester inexorable.
Est-ce ma faute si, dans leur funeste émoi,
Des malheureux, m'aimant jusqu'à mourir pour moi,
M'ont laissé le remords que jamais rien ne m'ôte?
Si je ne les pouvais aimer, est-ce ma faute?
Est-ce ma faute, enfin, si vous, maintenant, vous,
Malgré vos regards durs et mon orgueil jaloux,
Ah! vous le voyez bien, je vous aime?

VIVIEN.

Ironie!
Vous m'aimeriez! Vous, moi!

ROLANDE.

Comme je suis punie!
Je le cachais en vain, cet amour éperdu;
Vous l'aviez deviné, vous l'avez entendu.

VIVIEN.

Même en vous écoutant, je n'y puis croire encore.

Souvent on est trompé sur soi-même, on s'ignore :
Ce que vous avez pris pour de l'amour, est-il
Autre chose, après tout, que le brusque et subtil
Revirement subi par votre humeur altière?
Vous ne pouviez souffrir qu'on vous aimât, naguère;
Et sans doute, aujourd'hui, vous regrettez tout bas
Qu'on se permette ainsi de ne vous aimer pas.

ROLANDE.

Me faudra-t-il mourir pour vous sauver la vie?

VIVIEN.

Misérable! Y songer, et par cet acte impie
Vouloir fermer votre âme au salut éternel!

ROLANDE.

Que faire?

VIVIEN.

Abandonnez le défi criminel
Que ne peut expliquer nul motif légitime!

ROLANDE.

Dès l'heure où succomba la première victime,
La mort a, sans pitié, consacré mon serment;
Et je reste liée irrévocablement
Au pacte provoqué par moi dans un vertige.
Oublier le passé, me rétracter, le puis-je?
Je n'aurais même plus pour excuse à mes yeux
Ma loyauté farouche, ou, si vous aimez mieux,
Mon orgueil. Je serais avilie, achevée,
Perdue à tout jamais.

VIVIEN.

Non, vous seriez sauvée!
Non, vous échapperiez à cet horrible sort
De n'inspirer l'amour que pour donner la mort.

ROLANDE.

Si je me rétractais, pourriez-vous m'aimer?

VIVIEN.

Trêve
De vaines questions! Écartez un tel rêve.
Comment recueillir, moi, sans en être flétri,
Le profit d'une épreuve où d'autres ont péri,
Où j'ai juré de tout risquer, et de laquelle
Je me dispenserais à l'heure solennelle?

ROLANDE.

D'un projet insensé revenir au bonheur,
N'y saurions-nous songer sans forfaire à l'honneur?
Vous irez, si quelqu'un vous blâme, vous accuse,
Le combattre en champ clos et démasquer sa ruse.
Mais, sous votre amertume et vos airs de courroux,
Prince, dans votre cœur je vois plus clair que vous;
Et ce qui rend hardi l'amour dont je vous aime,
C'est que vous aussi, vous qui pâlissez, vous-même,
Vous m'aimez, malgré vous, d'un invincible amour.
Vous m'aimez, vous m'aimez, vous dis-je... Oh! nul détour!

VIVIEN.

A vous le contester, s'il vous plaît de le croire,
J'aurais mauvaise grâce, et n'y mets point ma gloire;
Les faits, mieux que les mots, diront la vérité.

ROLANDE.

Les faits ne prouvent rien; le cœur a sa clarté.
Vous dissimulez mal, étant loyal dans l'âme;
Avouez donc!

VIVIEN.

Et si j'aimais une autre femme?

ROLANDE.

Voudriez-vous pour moi braver la mort?

VIVIEN.

Et si
Cette femme m'avait fait venir, elle, ici,
Par protestation d'héroïsme sublime,
Pour abolir le pacte en traversant l'abîme?

ROLANDE.

Quelque sujet qu'elle eût de jouer pareil jeu,
Cette héroïne-là vous aimerait bien peu.
L'amour au cœur, l'amour avec sa fièvre ardente,
Vous eût-elle poussé vers la tombe béante?
Moi qui vous aime, hélas! vous voyez que j'ai peur,
Que je n'épargnerais rien pour vous, hors l'honneur.
Ah! puisqu'un sentiment si profond nous pénètre,
Franchement, hautement, sachons le reconnaître;
Et dût l'âpre destin redoubler ses rigueurs,
Ne craignons pas d'agir sans mentir à nos cœurs!

VIVIEN.

Un tel amour serait, s'il prenait l'offensive,
La raison la plus forte et la plus décisive

Pour me faire tenter, résolument, là-bas,
L'essai dont vous croyez que l'on ne revient pas.
Mais je vous ai contrainte à trop de patience.

ROLANDE.

Il suffit. Je vous laisse à votre conscience.

Elle sort.

SCÈNE VIII

VIVIEN, *seul.*

Pourquoi donc devant elle ai-je baissé les yeux?
Comme mon cœur battait! Que j'étais anxieux!
Que je le suis encor! Quelle angoisse inconnue,
Quand je me rassurais, m'est tout d'un coup venue?
Son charme ténébreux pourrait-il m'opprimer?
Son image m'obsède. Ah! j'ai peur de l'aimer.

SCÈNE IX

VIVIEN, FOUQUETTE.

FOUQUETTE, *s'approchant de Vivien qui, absorbé, ne l'a pas vue entrer.*

C'est moi...

VIVIEN.

Dites.

FOUQUETTE.

Je sais une princesse au monde,
Dont l'esprit est parfait, la beauté sans seconde,
Et d'autre part un prince, oh! le plus vertueux,
Le plus fier, le premier des princes; et tous deux,
S'ils écoutaient enfin leur tendresse étouffée,
Seraient heureux, heureux comme un conte de fée.
Faute d'un mot, ils vont laisser fuir le bonheur...

VIVIEN.

N'ayez point trop de zèle, enfant.

FOUQUETTE.

Pardon, seigneur.

Vivien sort, laissant Fouquette déconcertée.

SCÈNE X

FOUQUETTE, JAPIOT, *puis* BARBAZE.

JAPIOT.

Que, diantre! te contait ce prince téméraire?

FOUQUETTE, *reprenant son assurance.*

Les princes ne me font pas peur.

JAPIOT.

Non. Au contraire.
Coquette!

FOUQUETTE.

Toi, jaloux! Pauvre garçon!

JAPIOT.

Eh! mais...

FOUQUETTE.

Tu me rappelles Zab.

JAPIOT.

J'y renonce.

Barbaze paraît au fond de la scène et se cache pour ecouter.

FOUQUETTE.

Promets
De ne plus bouder.

JAPIOT.

Bé! je n'ai pas de rancune.

Fouquette veut s'éloigner.

Tu me quittes? Veux-tu me rejoindre à la brune,
Au parc, dans le petit pavillon des tilleuls?
Nous y pourrons jaser à notre aise, tout seuls.

BARBAZE, *à part.*

Le gaillard!

FOUQUETTE.

Et qu'as-tu, ce soir, par aventure,
A m'expliquer ainsi?

JAPIOT.

Des choses, je t'assure,
Du plus vif intérêt.

FOUQUETTE.

Dis-les en ce moment.

JAPIOT.

On ne saurait, ici, causer tranquillement.

FOUQUETTE.

Tu m'avertis trop tard.

JAPIOT.

Faut-il que je remette
A demain soir? Demain, tu viendras, dis, Fouquette?
J'ai la clé. Nous serons chez nous. Il n'est pas loin,
Le pavillon. Tu sais qu'il est rempli de foin;
Il embaume. J'y vais quelquefois faire un somme,
Et c'est plus doux qu'un lit de plume.

FOUQUETTE.

Pour un homme!

JAPIOT.

Là, j'ai rêvé de toi.

FOUQUETTE.

Fi, tu n'es pas honteux!
Si l'on nous surprenait dans ce foin tous les deux?

JAPIOT.

Nous surprendre? Va donc, poltronne!

Arrêtant Fouquette qui partait.

Je suis tendre,
Je suis gentil tout plein; tu ne veux rien entendre.
Ah, misère! On est jeune, alerte; on a le sac;

On pourrait être heureux; on n'ose pas, et crac!
Une tuile vous choit sur le nez. Plus personne.

FOUQUETTE.

Ce brave Japiot, quel triste glas il sonne!

JAPIOT.

Demain soir, faudra-t-il t'attendre?

FOUQUETTE, *riant.*

Si tu veux.

Voyant venir Lothaire et Noélie, elle se sauve et envoie un baiser à Japiot, qui sort de scène d'un autre côté.

BARBAZE, *seul, quittant sa cachette.*

J'écoutais, par bonheur, et j'aurai l'œil sur eux.

Il part avec un geste de menace.

SCÈNE XI

LOTHAIRE, NOÉLIE.

LOTHAIRE.

Vous et lui, vous m'avez jeté, je crois, un charme.

NOÉLIE.

Oh! fort innocemment.

LOTHAIRE.

Que le prince m'alarme;

Et contre quel mutisme intraitable, éternel,
Je me heurte avec lui comme avec vous, Noël!

NOÉLIE.

Ne soyez pas injuste.

LOTHAIRE.

Il me faudrait peut-être,
Puisque vous m'y forcez, agir, trancher en maître,
Et vous les arracher à la fin, vos secrets.
Mais j'ai trop de faiblesse aussi; je ne pourrais.
La clarté de vos yeux, l'accent de votre bouche,
Tout ce qui vient de vous m'embarrasse, me touche,
M'emplit de je ne sais quel trouble, me surprend,
M'attire, et me ravit quand même, en me leurrant.
Ai-je bu quelque philtre, ou bien votre jeune âge
A-t-il, d'un vieux sorcier, appris par badinage
Les incantations magiques du printemps?
Vos airs sont si naïfs et si déconcertants!
Vous semblez tout savoir ou tout ignorer, sombre
Mais doux et rayonnant comme un ciel pur dans l'ombre.

NOÉLIE.

Douteriez-vous de mon respect?

LOTHAIRE.

Quand vous parlez,
Je crois entendre un luth sous les rameaux mouillés,
Tandis qu'à l'horizon l'étoile d'or se lève;
C'est comme une musique exquise dans un rêve.
Il me semble que, les yeux clos, par vous guidé,
Je chemine à travers un jardin enchanté

Où je ne puis pas voir les fleurs que je devine,
Et dont je sens l'odeur pénétrante et divine.

NOÉLIE.

C'est vous qui vous moquez. Vous avez aujourd'hui,
Mon cher seigneur, l'esprit le plus épanoui
Qu'on puisse cultiver dans une rhétorique.

LOTHAIRE.

Non. Je ne fus jamais un rêveur chimérique.
Aurais-je imaginé pareil enchantement
S'il ne m'avait conquis d'abord étrangement?
Vous rougissez. Voyons, n'hésitez plus. Courage!
Vous savez tout de moi, qui n'ai pris nul ombrage;
Et moi, je ne sais rien de vous. Faites-moi donc
Vos confidences, comme, avec tant d'abandon,
Je vous ai vite fait les miennes, ce poème!
Voulez-vous? Parlez-moi du prince, de vous-même;
Il ne faut plus rester mystérieux pour moi.

NOELIE.

Vous êtes, monseigneur, beaucoup trop bon.

LOTHAIRE.

En quoi?

NOÉLIE.

Puis-je prendre congé?

LOTHAIRE.

Souffrez qu'on vous retienne.
Comment? vous retirez votre main de la mienne!
Envers vous, par mégarde, aurais-je eu quelque tort?
Mais empêchons Vivien d'aller droit à la mort.

Ne désespérons pas! Jusqu'à l'instant suprême,
Nous devons essayer tout, l'impossible même.

Rolande vient de paraître; elle entend ces derniers mots et s'avance vers Lothaire et Noelie.

SCÈNE XII

LES MÊMES, ROLANDE.

ROLANDE.

Puisse mieux réussir votre effort que le mien!

LOTHAIRE.

Vous avez vu le prince?

ROLANDE.

Il ne me cède rien.
J'ai cependant prié, supplié.

LOTHAIRE.

Vous, Rolande!

ROLANDE.

J'en suis là maintenant. Votre surprise est grande.

NOÉLIE.

Pourquoi vous adresser à lui?

ROLANDE.

Parce que, moi,
Je ne veux pas qu'il meure; et parce que...

NOÉLIE.

Pourquoi?
De grâce, achevez donc!

ROLANDE.

Déjà, mieux que moi-même,
N'aviez-vous pas compris? Parce qu'enfin je l'aime,
Parce que je n'ai plus la force, en un tel jour,
De vaincre, de cacher, d'étouffer cet amour.

NOÉLIE.

Le sait-il?

ROLANDE.

Oui.

NOÉLIE.

De qui?

ROLANDE.

De moi. Coûte que coûte!

NOÉLIE.

Quoi, vous avez osé le lui dire!

ROLANDE.

Sans doute.
Il affectait d'abord un dédain protecteur;
Puis... C'est fou. Mais qu'importe? Eh bien! sous sa froideur
J'ai cru qu'il n'était pas tout à fait insensible.

NOÉLIE.

On croit toujours ce qu'on désire.

ROLANDE.

Il est possible

Que je me sois trompée; et je dis simplement,
Au hasard, ce que j'ai senti sur le moment.
J'entrevoyais cela sans lumières certaines,
Tout d'un coup, par lueurs palpitantes, soudaines,
Par éblouissements, par éclairs. Ah! tenez,
Encor que mes propos ne soient pas raisonnés,
Je me souviens, je vois, il m'aime. J'en suis sûre,
Il m'aime!

LOTHAIRE, *à Noélie qu'il voit pâlir.*

Qu'avez-vous, Noël?

NOÉLIE.

Une blessure,
Qui faillit me tuer, me fait parfois souffrir.

ROLANDE, *sans avoir vu ni entendu.*

Non, il me hait!... Noël, il faut me secourir.

NOÉLIE.

Moi!

ROLANDE.

Quel est son secret? Vous savez quelque chose.
Aimait-il? Était-il aimé?

NOÉLIE.

Vraiment, je n'ose
Rien supposer; je n'ai rien surpris.

ROLANDE.

Cependant...

NOÉLIE.

Je suis son serviteur et non son confident.

ROLANDE.

Au fond, qu'ai-je besoin d'interroger personne?
Et s'il avait ailleurs l'amour que je soupçonne,
Aurait-il, je le lui disais précisément,
Tout quitté pour risquer ses jours? L'étrange amant!
En outre, celle qui l'aimerait, l'aurait-elle
Laissé partir pour cette aventure mortelle?

LOTHAIRE, *à Noélie.*

C'est exact. N'est-ce pas, ami?

NOÉLIE.

Qu'en sais-je, moi?
On se trompe en jugeant les autres d'après soi.

ROLANDE.

Où trouver là, du reste, un motif pour qu'il m'aime?
Il peut assurément ne point m'aimer, quand même
Il n'aurait aucun autre amour. Je ne sais plus,
Je ne sais plus... J'ai peur... De quels yeux résolus,
Avec quelle hauteur dédaigneuse, insultante,
Tout à l'heure, il me vit m'en aller, haletante!
Il me hait. Juste ciel, que je souffre! Il me hait.

LOTHAIRE.

Rentrons chez vous. Venez, pauvre cœur inquiet.
Rien n'est encor perdu.

Il emmène Rolande.

NOÉLIE, *à part, en les regardant s'éloigner.*

Mon Dieu, comme elle est belle!
Et que de passion!... Ah! je souffre autant qu'elle;
Plus qu'elle! Voilà donc ce que le sort permet.
L'aimerait-il? Seigneur tout-puissant, s'il l'aimait!

ACTE IV

Au palais du roi, même décor que pour le premier acte.

SCÈNE PREMIÈRE

BARBAZE, *puis* ZAB.

BARBAZE, *seul, regardant au dehors.*

Ce torrent meurtrier, ce beau prince morose,
Les gens ne veulent plus s'occuper d'autre chose.
Comme on court au Vieux Pont ! Tout Luiserne est en l'air.

Apercevant Zab.

Mais je tiens Zab.

A Zab.

Je vous cherche depuis hier.

ZAB, *voulant lui fausser compagnie.*

Diable !

BARBAZE, *retenant Zab.*

Par le plus grand des hasards, en cachette,
J'ai surpris Japiot proposant à Fouquette
Un petit rendez-vous d'amour. C'était charmant.

ZAB.

Aurait-elle accepté ?

BARBAZE.

Très naturellement.

ZAB.

Où, quand se verront-ils?

BARBAZE.

Pour leur bonne fortune?
Au parc, au pavillon des tilleuls, à la brune.

ZAB.

Ce soir.

BARBAZE.

Oui, ce soir même.

ZAB.

En êtes-vous bien sûr?

BARBAZE.

J'entendais à merveille, et rien n'était obscur.
Je ne puis tolérer qu'on vous trompe, compère.

ZAB.

Ça, c'est mon intérêt. Mais le vôtre?

BARBAZE.

J'espère
Sauver un vieil ami.

ZAB.

Vous!

BARBAZE.

Fallait-il laisser
Cet affreux Japiot sur votre bien chasser?

ZAB.

Voilà le cri du cœur. Plus que moi, sur mon âme,
Vous êtes soupçonneux et jaloux de ma femme.
Mais je ne m'en plains pas. Nenni! Pour mon honneur,
Aurais-je pu trouver chien de garde meilleur?

BARBAZE.

Que les gens sont ingrats!

Il s'éloigne.

ZAB.

Ouais! Je vous remercie
De vous montrer pour moi, l'époux, sans jalousie.

Barbaze hausse les épaules et sort.

SCÈNE II

ZAB, *seul.*

Je vais cloîtrer ma femme avec soin, nuit et jour;
Et puis, je serai là s'il lui faut de l'amour.
Ne comprendras-tu pas mes qualités, ribaude?

Réfléchissant, puis se frappant le front d'un air inspiré.

Tiens! si je m'en allais, moi-même, à la maraude,

Pour l'aider à comprendre? Eh oui, parbleu! Comment
N'ai-je point vu cela dès le premier moment?
Plus d'entraves pour toi, Fouquette; plus de geôle!
Seulement, Japiot sera coffré, le drôle;
Et c'est moi, Zab, c'est moi, votre authentique époux,
Qui serai cette nuit, madame, au rendez-vous.
Trompez-moi, s'il vous plaît, oui, mais avec moi-même.
Ça va tomber ainsi que marée en carême;
Et vous y prendrez goût, peut-être... Et là-dessus,
Ah! ah! je me tordrai comme quatre bossus.

Il sort en riant. D'un autre côté, entre Vivien, pensif.

SCÈNE III

VIVIEN, *seul.*

A quoi bon se leurrer? Sois franc, cœur sans courage!
Comme elle avait raison sous mon cruel outrage;
Et quel désir amer, quel dissolvant poison
M'enivrait malgré moi! Comme elle avait raison!
Le voilà donc, dans sa puissance souveraine,
Le véritable amour, l'amour fatal, qui traîne,
Plein d'une horreur sacrée ou d'un sublime ennui,
Tant de douleurs et tant de crimes après lui!
Mais non, cela ne doit pas être. Je blasphème.
C'est Noélie à qui j'appartiens, et que j'aime;
Elle seule! Son âme est divine; ses yeux
Ont la douceur limpide et l'infini des cieux.

L'autre n'est que la nue orageuse et brûlante
Qui, soudain, envahit l'horizon, l'ensanglante,
Éclate, couvre tout de tonnerre et d'éclairs,
Et que rapidement remporte dans les airs
Le vent vertigineux qui l'avait apportée.
Elle passe, elle fuit, errante, tourmentée;
Mais avant de crouler sous les rayons vainqueurs,
Sur son passage, hélas! qu'elle a brisé de cœurs!
Le mien résistera. De toi je serai digne,
O ma chaste promise à la blancheur de cygne!
Tout à l'heure, j'étais désespéré, hagard;
Je me croyais perdu, je fuyais ton regard;
Mais je retrouve, après mon cri blasphématoire,
La force, la fierté, le droit à la victoire,
La volonté que rien ne rebute, la foi.
J'ai hâte, maintenant, de t'avoir près de moi,
D'oublier, sous tes yeux si purs, mes tristes fièvres,
Et d'entendre le ciel me parler par tes lèvres.

Noélie paraît au fond de la scène.

Ah! je la vois. C'est mon bon ange qui revient.

SCÈNE IV

VIVIEN, NOÉLIE.

VIVIEN.

Noélie, il est temps; je pars.

NOÉLIE.

Déjà, Vivien!
Dois-je vous suivre? Un cri m'échapperait peut-être
Et vous perdrait. Je sens mon angoisse renaître;
J'avais trop présumé de mes forces.

VIVIEN.

Mieux vaut
Que nous nous séparions. Oui, je vois qu'il le faut.
Je ne redoutais pas, pourtant, votre présence;
Vous êtes la vertu qui sauve, l'innocence
Qui sanctifie; et c'est loin de vous seulement
Que je pourrais douter et fléchir un moment.
Mais votre souvenir adorable me reste,
Et par lui je vaincraï. Chère âme, esprit céleste,
Que serais-je, si vous m'abandonniez jamais?

NOÉLIE.

Je viens de vous peiner, pardon! Je vous promets
D'être là, de voir tout, sans craindre la lumière.

VIVIEN.

Ne m'accompagnez point; demeurez en prière,
Noélie. Ah! priez plutôt, priez pour moi!

NOÉLIE.

Vous, si ferme toujours, de quel fébrile émoi
Vous semblez agité! Vous n'êtes plus le même.
Qu'avez-vous donc, Vivien?

VIVIEN.

Est-ce encore un problème?

Puis-je être calme, quand, avec acharnement,
On s'attache à mes pas, quand je dois constamment
Résister au vieux roi qui m'implore, me presse,
Lutter contre le prince?...

NOELIE.

Et contre la princesse!

VIVIEN.

Je me suis vu forcé de lui marquer bien haut
Ce dont j'aurais voulu ne pas lui dire un mot.

NOELIE.

N'êtes-vous plus sensible à sa morne souffrance?

VIVIEN.

Depuis quand et pourquoi prenez-vous sa défense?

NOÉLIE.

Je me croyais hier au-dessus du malheur;
Aujourd'hui je comprends et je plains la douleur.

VIVIEN.

Comme vous chancelez, comme votre front plie!
C'est vous qui n'êtes plus la même, Noélie.
De quel péril nouveau sommes-nous menacés?...
Vous ne répondez pas... Vos yeux restent baissés...

Il lui prend les mains.

Vos mains tremblent... Calmez bien vite vos alarmes,
Regardez-moi!... De grâce!... Oh! ce regard, ces larmes!
Elle vous a parlé. Que vous a-t-elle dit?

NOÉLIE.

Tout.

VIVIEN.

Mensonge !

NOÉLIE.

Et d'ailleurs, sans qu'elle m'avertît,
J'aurais tout deviné bientôt. Sait-elle feindre ?

VIVIEN.

Esprit faux et cœur vain, tout en elle est à craindre.

NOÉLIE.

Elle a rêvé peut-être. Il peut se faire aussi
Que, de la vérité cachée, elle ait saisi,
Malgré le noble effort du cœur qui la recèle,
Un signe, une lueur furtive, une étincelle.
Ah ! si je n'eus de vous qu'une tendre amitié,
Si c'est alors, non point l'amour, mais la pitié,
Mais une pitié sainte, une pitié sublime,
Qui vous retient à moi, comme tout me l'exprime ;
Et si c'est vers Rolande aujourd'hui que, vraiment,
Vous porte, irrésistible, un sombre enchantement,
Vivien, mon cher Vivien, mon loyal et grand frère,
Ne persistez pas plus à vouloir le contraire !
Votre honneur, maintenant, ne saurait exiger
Que vous braviez sans cause un si grave danger.
En avez-vous le droit ? Vous perdu dans l'abîme,
Je me reprocherais votre mort comme un crime ;
Vivant, victorieux, votre abnégation
Pourrait-elle un instant me faire illusion,

Et remplacer pour moi ce qu'en vos traits sans flamme
Ne retrouveraient plus ni mes yeux ni mon âme?
Enfin, par-dessus tout, vous devez le savoir,
Je n'ai point le cœur fait pour aimer mieux vous voir
Malheureux avec moi qu'heureux avec une autre.
Si pénibles que soient mon regret et le vôtre,
Acceptons notre sort. Ce qu'il me faut, Vivien,
C'est votre vrai bonheur, dont je ferai le mien;
Et dans ce but, avec une allégresse altière,
Je me sacrifierais à jamais tout entière.

VIVIEN.

O Noélie, ô mon espoir, apaisez-vous!
Vous êtes une sainte et je tombe à genoux.
Moi, ne plus vous aimer! moi, vous trahir pour elle!
Pouvez-vous me chercher cette injuste querelle?
Avez-vous oublié? N'y voyez-vous plus clair?
Ou si, pour mon malheur, je vous deviens moins cher?

NOÉLIE.

Vivien!

VIVIEN.

Elle se venge, elle me calomnie;
Et vous prêtez l'oreille à cette ignominie;
Et sans plus réfléchir, des larmes plein les yeux,
Vous vous faites l'écho d'un délire odieux!
Mais n'aurait-elle pas soupçonné qui vous êtes?

NOÉLIE.

Ah! certainement non. De trop lourdes tempêtes
Dans son âme, à grand bruit, soufflent le désespoir;
Elle me regardait, me parlait sans me voir.

VIVIEN.

Quand elle vint, je fus troublé par son audace.
M'interroger ainsi, me provoquer en face!
La fièvre, dans ses yeux, étincelait; sa voix
Était impétueuse et plaintive à la fois;
Et je ne savais plus, parmi tout son tumulte,
Comment lui répliquer sans lui faire une insulte.
Peut-il vous en rester un sentiment jaloux?
Ayez foi! Je suis sûr de moi comme de vous;
Je vous aime; et jamais, ou craintive ou calmée,
Je ne vous ai si bien, si tendrement aimée;
Et jamais, je le sens, je l'affirme en ce jour,
Vous n'avez mérité, chère âme, autant d'amour.
Pour me bénir, vous la faiblesse et la puissance,
Imposez sur mon front vos deux mains d'innocence,
Laissez vos yeux divins rayonner dans mon cœur.

NOÉLIE.

Comme vous êtes bon! Cependant, j'avais peur;
Tout semblait s'effondrer dans une nuit si noire!
Mais je ne puis déjà me garder de vous croire;
Je suis si frêle, et vous m'apparaissez si fort,
Si noble! De si haut, vous dominez le sort!
Soyez béni, Vivien! Qu'un céleste cortège
Vous guide, et que la Vierge auguste vous protège!

VIVIEN, *se relevant après avoir mis un genou en terre pour lui baiser la main.*

Adieu!

Rapidement, il sort de scène.

SCÈNE V

NOËLIE, *seule, après un moment de silence.*

Vivien!... Vivien!... Trop tard! il s'est enfui.
Quoi! j'ai pu follement me séparer de lui;
Il m'a fait accepter ce mensonge suprême!
Il veut, il croit ne pas l'aimer; mais comme il l'aime!
Le transport que Rolande a si mal contenu,
Soudain m'a révélé tout un monde inconnu.
D'où vient que j'ai rougi quand le prince Lothaire
M'a parlé? J'éprouvais un trouble involontaire.
Tout me semble changé. Je ne reconnais plus
Mon cœur. Vivien et moi, que nous étions confus!
Mais la force qui m'a manqué, la ferveur sainte,
Il a su l'avoir, lui, sans révolte, sans plainte.
Contre l'obsession du désir qui le mord,
Peut-être n'a-t-il plus d'espoir que dans la mort;
Et je reste incertaine ici! Je deviens lâche.
N'hésitons pas! Courons, remplissons notre tâche!
Ce devoir désastreux, il faut l'en affranchir.
Je... Qu'ai-je donc?... J'étouffe... Ah! je vais défaillir.

A demi suffoquée, Noëlie ouvre son vêtement sur sa poitrine pour respirer, ferme les yeux, puis s'affaisse dans les bras de Lothaire, qui vient d'entrer en scène et s'est hâté vers elle.

SCÈNE VI

LOTHAIRE, NOÉLIE.

LOTHAIRE, *cherchant à ranimer Noélie.*

Noël!... Le cher enfant a perdu connaissance.
Que son visage est pâle et quel air de souffrance!
Holà, quelqu'un!... Noël, ne m'entendez-vous pas?...
Noël!... Il s'abandonne, inerte, entre mes bras.

Se penchant vers Noélie et la regardant avec une anxiété qui bientôt se mêle de stupéfaction.

Quel absurde soupçon!... Cependant... Une femme!...
Pourquoi tout ce mystère avec nous!... La pauvre âme,
Où lui faire donner des soins discrètement?
Il faut... Mais elle vient d'avoir un mouvement...
Elle rouvre les yeux.

NOÉLIE, *revenant à elle et se cachant le visage.*

Vous!

LOTHAIRE.

Tâchez d'être forte;
Et ne m'en veuillez point! Car, si j'ai de la sorte
Surpris votre secret, vous devez bien penser
Que je perdrais la vie avant d'en abuser.

NOÉLIE.

Ah, merci! La rougeur au visage me monte;
Vous serez généreux, prince. Combien j'ai honte!
Mais ne permettez pas qu'il meure!

LOTHAIRE.

Qui? Vivien?

NOÉLIE.

Du sort que je subis, comment vous cacher rien?
Moi, le faux écuyer Noël, quelle folie!
Moi qui, de mon vrai nom, m'appelle Noélie,
Héritière d'Embrun, de Digne, de Beaujeu,
Et duchesse à fleurons par la grâce de Dieu,
J'aime Vivien de Luze et lui suis fiancée.

LOTHAIRE.

Et vous n'avez pas craint cette épreuve insensée!
Et vous l'avez laissé partir!

NOÉLIE.

Je l'ai conduit.
Cela semble impossible. Oh! moi-même, aujourd'hui,
J'ai peine à me comprendre et crois sortir d'un rêve.
Étrange illusion, si naïve, si brève!
La pitié, l'espérance et l'indignation
Nous exaltaient. J'eus foi dans notre mission.
Nous n'avions peur ni du Rhultor ni de Rolande :
« Partons, disait Vivien, le ciel nous le demande. »
Et ma candeur d'enfant l'entraînait, ébloui,
Vers le gouffre où je vais me briser avec lui.

LOTHAIRE.

L'aime-t-il? Avez-vous le calme nécessaire
Pour voir la vérité de façon juste et claire?

NOÉLIE, *regardant au dehors.*

Que Vivien soit sauvé de l'abîme! il le faut.
Venez. Ah! puissions-nous arriver assez tôt!

Tandis qu'au fond de la scène, par une baie ouverte, on voit des gens qui se dirigent vers le Vieux Pont, Lothaire et Noélie sortent précipitamment. Puis entrent Barbaze et Gordane.

SCÈNE VII

BARBAZE, GORDANE.

GORDANE.

Laissez-moi!

BARBAZE.

Ce n'est pas pour rien que je te guette.

GORDANE.

Fi!

BARBAZE.

Cruche! Écoute un peu. Japiot et Fouquette
Ont rendez-vous ce soir, à la nuit tombante.

GORDANE.

Où?

BARBAZE.

Au parc, sous les tilleuls, dans ce bon petit trou
De pavillon qui sert de grenier à fourrage.

GORDANE.

Est-ce vrai?

BARBAZE.

Si c'est vrai!

GORDANE.

L'infâme! Quel outrage!
Et vous qui m'empêchiez de lui crever les yeux!
Sans ça...

BARBAZE.

Pour l'assagir, tu pourrais faire mieux.

GORDANE.

Quoi?

BARBAZE.

Lui couper le bout du nez, à ce parjure.
En ne retrouvant plus au complet sa figure,
Hein, comme il ferait : Bé!

GORDANE.

Son nez? Couper son nez!

BARBAZE, *ne pouvant s'empêcher de rire.*

Oh! le bout seulement.

GORDANE.

Oui-da, vous ricanez.

BARBAZE.

Je ne suis pas toujours pleurnicheur, quand je cause.

GORDANE.

Pourquoi vouloir qu'on lui retranche quelque chose?

BARBAZE.

Moi!

GORDANE.

C'est que la Fouquette et son air égrillard
Vous trottent dans le sang, à vous aussi, paillard.
Tenez! tenez! voilà pour cette aventurière!

Elle lui applique deux gifles vigoureuses.

BARBAZE.

Triple dinde!

Il s'éloigne en s'abritant la tête dans ses mains.

GORDANE, *honteuse et courant après lui.*

Excusez, monsieur Barbaze.

BARBAZE, *fuyant à toutes jambes.*

Arrière!

Il disparaît.

SCÈNE VIII

GORDANE, *seule.*

Tant pis! il ne l'avait pas volé, l'animal.
A ton tour, Japiot; gare!... J'aurai du mal.
Pas d'imprudence! Il faut pourtant que je l'enferme;
Mais quel expédient prendre, quel moyen terme?

Voyons. Rien ne me vient. Je vais dire un *Ave*
Pour avoir de l'esprit... Victoire! j'ai trouvé.
Allez au pavillon du parc, allez, mon homme!
D'abord, vrai comme c'est Gordane qu'on me nomme,
Fouquette n'y pourra courir, de son côté;
Je saurai, quelque part, la mettre en sûreté;
Puis j'irai vous attendre à sa place. Je gage
Que vous tiendrez dans l'ombre un merveilleux langage.
L'appétissant ragoût de vengeance, aux oignons!
Et cela sans péché, sans vilains mots grognons;
Au contraire, en douceur, dans un rêve de gloire.
Ce sera pain bénit, un vrai nanan. Victoire!

Elle sort en se frottant les mains joyeusement.

SCÈNE IX

ROLANDE, FOUQUETTE, FILLES D'HONNEUR.

ROLANDE, *à Fouquette qui a ouvert une fenêtre et s'est un peu avancée sur la terrasse.*

Va, regarde pour moi. Tu vois tout, n'est-ce pas?

FOUQUETTE, *de la fenêtre.*

Oui. Le temps est si pur qu'on est comme à deux pas
Du Vieux Pont.

ROLANDE.

Reste.

Aux filles d'honneur.

Vous, ayez soin que personne
N'entre et ne vienne ici nous troubler.

A part, tandis que les filles d'honneur se groupent au fond, vers l'entrée de la salle.

Je frissonne,
L'angoisse étreint mon front avec ses doigts de fer.
Pourquoi veut-il tenter l'épreuve? Oh! son air fier,
Sa voix triste!

Rumeurs au dehors.

Ce bruit, qu'est-ce donc?

FOUQUETTE.

C'est la foule.
Sous l'estrade royale, elle ondoie, elle roule,
En larges flots qui vont, vont à n'en plus finir,
Et que les gens armés ont peine à contenir.

ROLANDE.

Être ainsi le jouet dè cette populace!

FOUQUETTE.

Sur son trône, le roi votre aïeul a pris place.
Voici le prince... Il met le pied dans l'étrier.

ROLANDE.

Que mon cœur bat!

FOUQUETTE.

Jésus! le noble cavalier!
Il en impose à tous. On l'entoure, on l'acclame.
Entendez-vous? Le peuple ému n'a plus qu'une âme

Pour lui crier au loin : « Dieu vous garde! » Je vois
Des femmes, là, qui font le signe de la croix
Et qui disent pour lui, tout bas, une prière.

ROLANDE, *à part.*

Que ne suis-je à genoux au fond d'un sanctuaire!
Quel démon me força de vivre, de lutter?
Et comme j'aurais dû mourir sans plus tarder!

FOUQUETTE.

Il s'apprête à partir... Noël et votre frère
Le rejoignent en hâte.

ROLANDE.

Est-ce pour le soustraire
Au danger; est-ce pour l'éloigner du torrent?
Que dit-il? Que fait-il?

FOUQUETTE.

Il semble indifférent.
Il les repousse. Il leur demande le silence.
Noël s'acharne encor... Mais lui, sans violence,
L'écarte fermement, le laisse anéanti.

ROLANDE.

Non, non! je ne veux pas qu'il parte.

FOUQUETTE.

Il est parti.

ROLANDE, *les mains jointes.*

Si vous n'avez pitié de moi qui vous implore,
Seigneur, ayez pitié de lui! Frappez encore,

Frappez mon cœur coupable et trop peu châtié;
Mais sauvez-le, mon Dieu, sauvez-le par pitié!

FOUQUETTE.

Il gagne du terrain... Avec quelle main sûre
Et légère il dirige et soutient sa monture!
Comme il sait calculer chaque pas pour le mieux!
Quelle dextérité, quel sang-froid merveilleux!
Ah!

ROLANDE.

Quoi?

FOUQUETTE.

Rien. Un caillou, sous les pieds de la bête,
A sauté tout d'un coup... Il hésite... Il s'arrête...
Il repart... Attendez! c'est Noël, Noël, oui,
Que le prince Lothaire emporte évanoui.

ROLANDE.

Mais lui, Vivien?

FOUQUETTE.

Il a ralenti son allure;
Il n'avance qu'avec une extrême mesure.
Les trois quarts du chemin sont déjà franchis... Mais
Le passage devient plus étroit que jamais.
Le prince va toujours en avant, impassible...
Grand Dieu! je n'ose pas regarder. C'est terrible.

Elle se détourne, la main sur les yeux.

ROLANDE, *s'avançant sur la terrasse, malgré Fouquette.*

Laisse!

Rolande regarde, penchée, immobile; puis, à bout de forces, elle ferme les yeux, recule et tombe sur un siège.

Je ne puis plus.

Nouveau silence. Elle relève la tête.

Il faut tout voir, pourtant.
S'il meurt, je ne dois pas lui survivre un instant.

Elle revient à côté de Fouquette. Subitement, immense acclamation au dehors. Les filles d'honneur accourent vers la princesse.

FOUQUETTE.

Il est sauvé, sauvé! Saints du ciel, quel prodige!

ROLANDE.

Ai-je bien ma raison?

FOUQUETTE.

Il est sauvé, vous dis-je;
Il vient de l'accomplir, cet exploit surhumain.
Le voyez-vous, là-bas, caresser de la main
Son fin cheval nerveux, qui relève la tête
Et piaffe de plaisir?

Nouvelles acclamations.

Comme ils sont tous en fête;
Et sous ce beau soleil que tout est rayonnant!
Quel bonheur, quel bonheur!

Se tournant vers Rolande.

Vous pleurez maintenant.

ROLANDE.

Pour moi le ciel se rouvre et mon cœur s'illumine.
Vers le dernier moment, sur ce pont en ruine,

Sur cet abîme affreux, parmi l'or des rayons,
Dis-moi, n'as-tu pas vu deux apparitions
Éblouissantes, deux archanges tout de neige,
Flotter auprès du prince et lui faire cortège?

La foule envahit la salle et se range le long des murailles; le roi Florus entre, avec sa suite.

SCÈNE X

LES MÊMES, FLORUS *et* SA SUITE, BARBAZE, GARDES *et* GENS DU PEUPLE, *puis* VIVIEN, LOTHAIRE *et* NOÉLIE.

ROLANDE, *allant à Florus.*

Ah! grand-père, grand-père!

Florus lui ouvre ses bras et la presse sur son cœur; puis elle reprend, dans une effusion.

Il faut m'être clément;
Pardonnez-moi, car j'ai souffert atrocement.
C'est que je l'aime, lui! Puisqu'il vit, je suis forte;
Mais si le sort l'avait trahi, j'en serais morte.

FLORUS.

Ma fille, louons Dieu jusque dans sa rigueur.
Même quand il nous frappe, offrons-lui notre cœur;

Il a fait du rocher jaillir la source vive.

A Vivien, qui, aux acclamations de la foule, est entré avec Lothaire et Noélie.

Cher prince, vous qu'avait béni ma voix craintive,
Approchez! votre vue est très douce à nos yeux
Et je salue en vous la volonté des cieux.
Je n'osais, ma détresse alors était si grande,
Espérer ce destin pour vous et pour Rolande;
Il me tarde que vous soyez mon autre enfant.

VIVIEN.

O vénérable roi, je me courbe devant
La blanche majesté de votre front, qui mêle
Tant de sagesse à tant de bonté paternelle.
Toutefois, si mon vœu hardi fut exaucé,
C'est qu'il était fervent et désintéressé,
C'est que je ne portais avec moi rien de sombre
Qui pût fausser mes pas et m'entraîner dans l'ombre.
J'ai voulu simplement, par un loyal effort,
Mettre fin au péril de vertige et de mort
Créé par la princesse en son erreur extrême,
Et, tous les cœurs sauvés, la sauver elle-même.
Ce résultat, je l'ai, grâce au ciel, obtenu.
Il me suffit. Pour cela seul j'étais venu.
Réclamer aujourd'hui quelque autre récompense
Serait, vous le voyez, trahir la Providence,
Déchoir, et provoquer le céleste courroux.
Sire, laissez-moi donc me séparer de vous,
Avec l'irréprochable et souveraine joie
D'avoir jusqu'à la fin suivi la bonne voie.

FLORUS.

Ce scrupule est-il fait pour être respecté?
Vous trouvez au-dessous de votre dignité
D'exiger rien, de rien solliciter, par crainte
De tout ce qui pourrait sembler une contrainte;
Mais ce que, déliés d'un strict engagement,
Nous pouvons désormais vous offrir librement,
Un motif reste-t-il encor qui vous commande
De ne point l'accepter des lèvres de Rolande?

Sur ces derniers mots, il s'est tourné vers sa fille.

ROLANDE, *à Vivien.*

J'ai prié pour vous, prince; et, du fond de mon cœur,
Au ciel j'ai demandé que vous fussiez vainqueur;
Maintenant je me vois si folle, si coupable,
Si peu digne de vous, que le remords m'accable.
Mais disposez de moi pour la peine ou l'honneur;
Vous êtes à jamais mon maître, mon seigneur,
Ma clarté; je n'ai plus de vouloir que le vôtre,
Et je vous appartiens dans ce monde et dans l'autre.

VIVIEN.

Douloureuse princesse au touchant repentir,
Et vous, grand roi, comment vous ferai-je sentir,
Sans trop de liberté ni trop d'insuffisance,
Mon très humble regret et ma reconnaissance?
Il faut que je vous dise adieu.

NOÉLIE, *à Vivien.*

Non, prince, il faut
Vous incliner devant un tel bienfait d'en haut.

VIVIEN.

Je suis ému de votre élan; j'en apprécie
L'intention, Noël, et vous en remercie.
Mais plus un mot.

NOÉLIE.

Pourtant...

VIVIEN.

Sur les livres divins,
Noël, et sur l'honneur, vos efforts seraient vains.

LOTHAIRE.

Vous nous repoussez tous, et Rolande vous aime!

VIVIEN, *prévenant une nouvelle intervention de Noélie.*

Que la noble princesse en soit juge elle-même!
De quel espoir son cœur peut-il être bercé,
Tant qu'elle n'aura pas racheté le passé?

FLORUS.

Je ne vous comprends plus.

ROLANDE.

Qu'il s'explique, mon père;
Qu'il parle!

VIVIEN, *à Rolande.*

Et cette loi que vous fîtes naguère
Pour tous les malheureux qui briguaient votre amour,
Si Dieu vous l'imposait, princesse, à votre tour?

ROLANDE.

L'épreuve du Rhultor, moi, que je la subisse!

Moi, moi, que je traverse aussi le précipice!
C'est vous qui le voulez! Est-il vrai, juste ciel?

LOTHAIRE.

Prince, qu'avez-vous dit?

FLORUS, *à Vivien.*

Ah! vous êtes cruel.

VIVIEN.

Hélas! pourquoi faut-il que le passé farouche,
Malgré mon cœur surpris, ait emprunté ma bouche?
Si grand que soit le mal par l'erreur suscité,
La justice divine est faite de bonté;
La loi du talion n'est pas dans l'Évangile.
Et puisque tout en nous sur terre est si fragile,
Veuille celle à qui j'ai parlé trop durement
N'en garder nul ombrage et nul ressentiment!
Cependant, jusqu'au jour où le pardon céleste
A son égard pourra devenir manifeste,
Ne sied-il pas que loin du bruit, loin des mortels,
Elle se réfugie au pied des saints autels,
Dans le recueillement, dans l'oubli de ce monde,
Pour y trouver bientôt, avec la paix profonde,
Si douce aux cœurs blessés par la vie, aux fronts lourds,
La grâce rédemptrice et ses plus purs secours?

ROLANDE.

Merci! Vous m'avez dit le vrai, le nécessaire;
Et je vois maintenant ce qui me reste à faire.
Ce n'est point d'emporter au cloître ténébreux,
Comme vous me l'offrez, vous croyant généreux,

La honte et la douleur dont vous m'avez navrée.
Alors, oui, je serais dûment déshonorée;
Mais je me sens trop fière encore, en ma stupeur,
Pour suivre lâchement les conseils de la peur.
La suprême équité n'en veut pas tant, du reste;
On ne peut réclamer de moi, je vous l'atteste,
Plus que je n'ai, d'abord, des autres exigé.
Je subirai ma loi. Que rien n'y soit changé!
Qu'on me donne un cheval, un habit de guerrière;
Devant tous, à genoux, je ferai ma prière;
Et puis, si je n'ai pas, prince, votre bonheur,
J'aurai payé ma dette et sauvé mon honneur.

FLORUS.

Rolande!

ROLANDE.

Un long supplice au fond d'un monastère!
Le Pont Croulant vaut mieux cent fois; je le préfère.
Le prince m'a montré, d'un geste véhément,
Le seul chemin par où je puisse noblement
Rentrer dans le devoir et dans ma propre estime.
Si ce chemin-là passe au travers de l'abîme,
Qu'importe? Dieu, par qui les cœurs droits sont absous,
Sait que je ne crains rien.

FLORUS.

Seigneur, pitié pour nous!

ACTE V

Devant le Pont Croulant.
A droite, une estrade préparée pour le roi Florus et sa suite.

SCÈNE PREMIÈRE

BARBAZE, JAPIOT, FOUQUETTE.

JAPIOT.

Pincés, Zab et Gordane?

FOUQUETTE.

Eux!

BARBAZE.

Oui. Flagrant délit.
Ils étaient dans le foin, là, comme dans leur lit.
Si vous les aviez vus! Ça ne peut se décrire.

JAPIOT, *riant avec Fouquette.*

Bé!

BARBAZE.

Ne ris pas si fort. Sont-ils en train de rire,
Nos malheureux seigneurs? Veux-tu qu'un curieux

Puisse, en passant, nous voir manquer de sérieux,
Quand la jeune princesse, à si peu de distance,
Va désespérément risquer son existence?

FOUQUETTE.

Pauvre maîtresse!

BARBAZE.

Tout, dans le cas actuel,
Me suffoque. Voilà l'humble écuyer Noël
Qui disparaît sous la duchesse Noélie.
Lorsqu'elle est revenue en dame, et si jolie,
Non, je ne pouvais pas me fier à mes yeux.

JAPIOT.

Et Zab! Narrez-nous donc son exploit un peu mieux.

BARBAZE.

Quel temps d'orage! Allons au frais, mauvaises pièces.

Ils font quelques pas pour se mettre à l'ombre.

Malgré moi, j'entendis, entre autres gentillesses,
Que Fouquette acceptait ton galant rendez-vous,
Japiot. Je courus avertir vos jaloux.
Puis j'apostai des gens, à l'heure où l'on constate,
Pour vous cueillir en fleur d'une main délicate.

FOUQUETTE.

Monstre!

BARBAZE.

Gordane et Zab, eux alors, n'ont-ils pas
Voulu, chacun pour soi, vous remplacer là-bas?

Japiot et Fouquette se remettent à rire.

JAPIOT.

Toujours les beaux esprits se rencontrent.

FOUQUETTE.

Quel rêve!

BARBAZE.

Et c'est eux qu'ont cueillis mes gens, en pleine sève.

Riant avec Japiot et Fouquette, puis s'arrêtant brusquement.

Mais comment s'étaient-ils, d'abord, défaits de vous?

FOUQUETTE.

Chez elle, pour m'apprendre un de ses plats aux choux,
Gordane m'attira. Ça cuit. J'expérimente.
Mais sans doute elle y met quelque drogue endormante,
Qui me plonge bientôt dans un sommeil de plomb.
Je dormis, je dormis, dormis. Ce fut si long,
Qu'au grand jour seulement je me suis réveillée;
Pensez combien j'étais ébaubie, effrayée.
Rentrée à la maison, pas de Zab! J'ai cherché.
Zab avait disparu, Zab avait découché.

Tous trois sont repris d'un fou rire, qu'ils répriment à grand'peine.

BARBAZE.

Et toi, Japiot?

JAPIOT.

Bé! notre homme dans sa cave
M'a conduit, pour goûter un cru. J'y fus en brave.
Délicieux, son vin! Et quels joyeux reflets!
D'honneur, ma langue en claque encore à mon palais.

Il fait claquer sa langue.

FOUQUETTE.

Oh! l'ivrogne!

JAPIOT.

Si bien, que, de fil en aiguille,
Ce clairet innocent qui rit et qui babille,
Finit par me troubler la tête. En un clin d'œil,
Cette rosse de Zab alors gagne le seuil.
La clé tourne. Cric! crac! je suis pris. Je fais rage.
Personne! Je me sens à peine le courage
De me payer, par ci, par là, deux ou trois coups;
Et, vrai! le cœur déjà tout sens dessus dessous,
Je craignais d'y crever comme une taupe aveugle,
Quand Fouquette à la fin revient, m'entend qui beugle,
Me délivre, m'embrasse, et cætera, mon bon!

Il cligne de l'œil et pince Barbaze, qui fait un saut, tandis que Fouquette proteste en haussant les épaules.

Au diable maintenant Gordane et le barbon!
Bé!

Nouveaux rires.

FOUQUETTE, *à Barbaze.*

Sont-ils en prison pour longtemps?

BARBAZE.

Non, j'espère.
J'ai demandé leur grâce, et le prince Lothaire
Doit pour eux aujourd'hui faire lever l'écrou.
Mais ce n'est pas fini. Zab en deviendra fou.

JAPIOT.

Ah!

FOUQUETTE.

Comment?

BARBAZE.

Pris le doigt entre l'arbre et l'écorce!

FOUQUETTE.

J'oubliais. Vous avez raison. Double divorce.

BARBAZE.

Puis, noces de Gordane et Zab.

FOUQUETTE.

Tant mieux pour eux!

JAPIOT.

Et double indemnité pour nous! C'est somptueux.
Vive Barbaze!

Il ne peut s'empêcher de rire encore.

BARBAZE, *à Japiot.*

Paix! voici des gens. Sois grave.
Partons, Fouquette.

Fouquette prend le bras que lui offre Barbaze.

JAPIOT.

Et moi!

BARBAZE.

Toi, retourne à la cave!

Barbaze emmène Fouquette; mais Japiot fait choir Barbaze; et il reconquiert triomphalement Fouquette, pendant que Barbaze se relève et court après eux en maugréant.

SCÈNE II

VIVIEN, LOTHAIRE.

LOTHAIRE.

Non, ma sœur ne veut pas comprendre. Vainement
La duchesse, le roi, moi-même en mon tourment,
Mains jointes nous l'avons suppliée. Il ne reste
Qu'en vous seul un recours. De son dessein funeste
Détournez-la! Sinon, c'est à coup sûr la mort.
Pourquoi, vous qu'on voyait trop modeste d'abord,
Vous le vainqueur, l'avoir poussée au précipice,
Comme s'il vous fallait à tout prix son supplice,
Comme si le devoir l'exigeait en pleurant,
Comme si vous aviez peur d'elle? Soyez franc.
Est-ce haine, est-ce amour?

VIVIEN.

Oui, je l'aime, je l'aime!
J'ai douté, j'ai nié, jusqu'à l'heure suprême,
Quoique j'eusse été pris dès son premier regard.
J'ai pu me dominer, tenir à tout hasard
Mon serment; mais enfin, pour me préserver d'elle,
D'elle et de moi! pour être à mon passé fidèle,
Je n'eus d'autre ressource, en un calme affecté,
Qu'un désespoir cruel jusqu'à la lâcheté.

Ah! comme j'ai besoin d'un avis salutaire!
Guidez ma conscience, inspirez-moi, Lothaire;
Et que vous fîtes bien en me forçant ainsi
A rompre le silence où j'étouffais! Merci.

Il lui prend les mains avec effusion.

Mais Noélie? Hélas! trahirai-je un tel ange?

LOTHAIRE.

Il se peut que son cœur se console, qu'il change
Comme a changé le vôtre.

VIVIEN.

Elle, un amour nouveau!
Elle, oublier, faillir, descendre à ce niveau!

LOTHAIRE.

L'amour n'est pas toujours pour le plus digne; et même
On finit quelquefois par aimer qui vous aime,
Sans nul autre motif que le rayon divin
Ardemment réfléchi vers l'objet dont il vint.
Puisse jusqu'à son âme une ferveur si tendre
Rejaillir!

VIVIEN.

Vous l'aimez?

LOTHAIRE.

Je n'ai pu m'en défendre.

VIVIEN.

Sait-elle votre amour?

LOTHAIRE.

Je n'ai pu le celer.

Je souffrais tant pour elle ! Ai-je eu tort de parler ?
Mais non ! J'eus le bonheur de ne point lui déplaire ;
Et les affectueux conseils de mon grand-père
Ont vaincu son dernier scrupule. Elle reprend
Le vêtement qui sied à son sexe, à son rang.
Elle a banni déjà toute mauvaise honte
Et veut que, pleinement rassuré sur son compte,
Vous sachiez bien, devant le péril redouté,
Le droit que vous avez à votre liberté.

VIVIEN.

Je voudrais croire à vos propos, et j'y résiste ;
J'air peur d'être leurré par mon cœur égoïste,
Par la naïve et très indulgente pitié
De Noélie, et par votre bonne amitié.

Voyant venir Noélie.

Dieu, la voilà !

SCÈNE III

LES MÊMES, NOÉLIE, *en vêtements de femme,*
FILLES D'HONNEUR.

NOÉLIE, *allant à Vivien,*
tandis que les filles d'honneur restent au fond de la scène.

Vivien, au roi qui vous demande,
J'ai pour vous hautement répondu de Rolande.

A la hâte, je les précède ici tous deux;
Il faut, avant que vous soyez en face d'eux,
Me promettre de la sauver, l'infortunée.
Ce n'est pas moi que Dieu vous avait destinée,
C'est Rolande. Allez-vous la vouer au trépas,
Vous qui l'aimez, pour moi qui ne vous aimais pas?

LOTHAIRE, *à Noélie, avec un geste amical vers Vivien.*

La tâche qu'il peut seul remplir, sera remplie.

VIVIEN.

J'aurais dû vous cacher mon secret, Noélie;
Je n'ai plus ma raison.

NOÉLIE.

Qu'avez-vous fait de mal?
Vous ne fûtes que trop généreux, trop loyal.
Puis-je vous en vouloir? Et jamais, dans ma peine,
Vous en ai-je voulu? N'étais-je pas certaine
Que vous luttiez, que vous étiez de bonne foi?
Ne vous sentais-je pas plus malheureux que moi?
La première, j'ai tout deviné. De cette heure,
Et je ne sais par quelle aurore intérieure,
En vous que je croyais connaître, sous vos traits,
Tout d'un coup m'apparut quelqu'un que j'ignorais.
Je ne retrouvais plus le Vivien de naguère,
Mon Vivien. Non! c'était celui d'une étrangère.
Alors, faut-il aussi vous avouer cela?
Un ami déférent vint à moi, me parla,
Sembla sincèrement touché de ma souffrance;
En pleurant près de lui, je repris espérance;

Et sa voix, ses regards, à travers ma langueur,
Émurent, malgré moi, dans le fond de mon cœur,
Un sentiment si doux que j'en étais confuse.
Vous voyez, j'en rougis encor, je m'en accuse.

LOTHAIRE, *à Noélie.*

Mon humble amour saura, n'étant pas rebuté,
Trouver grâce à vos yeux pour mon indignité!

VIVIEN.

Sans votre confidence, aurais-je eu, Noélie,
Un instant de bonheur? Vous me rendez la vie.
Mais quel déchirement! Il faut donc dire adieu
A nos rêves de foi candide et de ciel bleu,
Si lumineux, si beaux, si pleins d'essors sublimes,
Qu'il me semble, en voyant, parmi les blanches cimes,
Le mirage enchanté se perdre à l'horizon,
Que c'est ma déchéance après ma trahison.
O cœur, cher pour toujours, dont le sort me délie,
Ne comprenez-vous pas l'âcre mélancolie
Qui m'étreint, qui m'arrête, au moment solennel
Où va se diviser notre élan fraternel?

NOÉLIE.

Vos yeux se sont mouillés; et comme vous je pleure.
Notre céleste songe, en s'envolant, m'effleure;
Il me laisse imprégnée, à jamais, d'un parfum
De suave tristesse et de printemps défunt.
Ne pensons plus à nous, ne pensons qu'à Rolande.
Ah! de son désespoir mortel qu'on la défende!

Parlez-lui, sauvez-la! Trouvez le trait vainqueur
Qui, tel un chaud rayon, fond les glaces du cœur!

Le roi Florus paraît, porté dans une litière, d'où il descend tandis que Vivien, Lothaire et Noélie s'empressent vers lui.

SCÈNE IV

LES MÊMES, FLORUS *et* SA SUITE, *puis* FOUQUETTE, GORDANE, BARBAZE, JAPIOT, ZAB, GARDES, VALETS, GENS DU PEUPLE.

FLORUS, *à Vivien.*

Ce qu'on m'affirme, dois-je en croire quelque chose?

VIVIEN, *s'inclinant devant Florus.*

Puissé-je réparer le mal dont je suis cause!

FLORUS, *au même.*

Désarmez-la, mon fils. A votre voix je sens
La jeunesse et l'espoir réchauffer mes vieux ans.
Mais prenez garde. Elle a, dans son âme ombrageuse,
Tant de douleur farouche et de fièvre orageuse!
Vous la voyez qui vient vers nous. Quel sombre deuil
Voile son beau front pâle et couronné d'orgueil!
Sachez, pour l'apaiser, être ferme, être tendre.

SCÈNE V

LES MÊMES, ROLANDE *en amazone*, ÉCUYERS, PAGES.

VIVIEN.

Princesse, quels que soient mes torts, daignez m'entendre;
C'est la première fois que je puis vous parler
Sans me contraindre, et sans vous rien dissimuler.

ROLANDE.

Aux plus tristes hasards le malheur m'accoutume,
Seigneur; je vous écoute et n'ai point d'amertume.

VIVIEN.

Insensé que je fus! Ni votre ardent émoi,
Ni votre noble appel désespéré vers moi,
Ni le profond amour dont mon âme est emplie,
N'avaient pu triompher encor de ma folie.
Vous me tendiez les bras, je redoublai mes coups;
Et je vous accablai, quand je n'aimais que vous.
Oubliez! pardonnez pour que l'on vous pardonne!
De ce passé fatal qui déjà nous étonne
Et qu'un grand souffle emporte avec tous ses démons,
Retenez seulement ceci : nous nous aimons.

ROLANDE.

Que ne puis-je échapper à l'ancienne misère!

Il faut d'abord, c'est la condition austère,
C'est la rançon, il faut que d'un élan sacré
Je subisse l'épreuve; et je la subirai.

VIVIEN.

Le miracle qui m'a sauvé du précipice
Prouve assez clairement que Dieu nous est propice;
N'avez-vous pas déjà trop souffert, cœur hautain?
Ah! ne défions pas de nouveau le destin!

ROLANDE.

En vous, Dieu protégea la bonté magnanime;
Moi, la coupable, moi, la pécheresse infime,
Maintenant j'ai ma grâce à mériter de lui.

FLORUS.

Donc, pour ne point rester en arrière d'autrui
Dans l'intrépidité ni dans le sacrifice,
Vous allez, enivrée à cet amer calice,
Vous perdre, malheureuse, et nous désespérer!

ROLANDE.

La honte sur le cœur, je ne puis respirer,
Mon père. Laissez-moi; j'entends Dieu qui m'appelle.

NOÉLIE.

O ma bien chère sœur si vaillante et si belle,
Pourquoi vous châtier impitoyablement
Du mal dont vous n'aviez aucun pressentiment;
Et pourquoi, plus que vous, en punir qui vous aime?

ROLANDE.

Faiblir! mais dès demain, je m'en voudrais moi-même.

VIVIEN.

Au nom de notre amour!...

ROLANDE.

N'insistez pas; c'est mal.
Page, et vous, écuyers, alerte! Mon cheval!

LOTHAIRE.

Un moment! Il fait noir. Le vent cingle avec rage.
L'espace est traversé de grands éclairs. L'orage,
Qui sourdement, depuis l'aube, suspend ses coups,
Vient, gronde, va finir par éclater sur nous.

ROLANDE.

Qu'il éclate!

VIVIEN.

Arrêtez!

ROLANDE.

Hâtons-nous, au contraire!

VIVIEN.

Vous ne passerez pas.

ROLANDE.

Vous, prince, et vous, mon frère,
Cessez! Je vous défends de retenir mes pas.
Je suis prête, marchons.

VIVIEN.

Vous ne passerez pas.

ROLANDE, *allant vers le Rhultor.*

J'irai droit mon chemin.

VIVIEN.

Quoi! malgré la tempête?

ROLANDE.

J'appartiens au Très-Haut; sa volonté soit faite!

Le ciel est déchiré par un éclair. Le Vieux Pont, frappé de la foudre, s'écroule avec fracas dans le torrent. Tous se prosternent.

FLORUS, *ouvrant ses bras à Rolande.*

C'est le pardon. Le ciel redevient bleu.

LA FOULE.

Hourra!

FLORUS.

Peuple, honneur à l'amour! la loi l'affranchira.

La Couronne de Roses

DRAME LYRIQUE EN UN ACTE, EN VERS

Musique d'IRÉNÉE BERGÉ

PERSONNAGES

LA PRINCESSE JANELLE.
DAME CLOTILDE.
LE CHEVALIER RAYMOND.
LE DUC ORDERIC.
BERNARD, } amis de Raymond.
GANTHELME, } amis de Raymond.
CHŒUR DE JEUNES FILLES.
CHŒUR DE JEUNES HOMMES.
GENS DU PAYS.

XIe siècle.

La Couronne de Roses

DRAME LYRIQUE

Paysage rustique de printemps. Au fond, à droite, la Chapelle consacrée à Notre-Dame des Fleurs. Sous trois grands chênes, en plein air, une statue de la Vierge.

SCÈNE PREMIÈRE

CHŒUR DE JEUNES CAMPAGNARDS, *puis* CHŒUR DE JEUNES CAMPAGNARDES, *puis* BERNARD *et* GANTHELME.

CHŒUR DE JEUNES CAMPAGNARDS.

I

La saison d'espoir et d'amour
A vaincu la saison méchante;
Le Printemps blond rit, danse, chante
Et dans les vergers tient sa cour.
O joie! ô nature indulgente!
Espoir! amour!

II

Aux souffles caressants, la feuille s'ouvre et tremble;
Le soleil luit plus doux sur notre cher séjour;
Célébrons, célébrons ensemble
Notre-Dame des Fleurs qu'on fête en ce beau jour!
Vers Notre-Dame, en sa chapelle,
Le carillon clair nous appelle,
Et l'hirondelle est de retour.
Espoir! amour!

Entre en scène le chœur des jeunes paysannes.

CHŒUR DES FILLES.

Salut, jeunesse!

CHŒUR DES GARÇONS.

Salut, printemps!

CHŒUR DES FILLES.

Notre-Dame des Fleurs a dit : « Que tout renaisse! »

CHŒUR DES GARÇONS.

Notre-Dame des Fleurs bénira nos vingt ans.

CHŒUR DES FILLES.

Voulez-vous former la ronde,
La ronde du renouveau?

CHŒUR DES GARÇONS.

A la beauté brune ou blonde
Faisons tourner le cerveau!

Garçons et filles forment la ronde; chaque cavalier doit, tour à tour, amener sa danseuse sur le premier plan, pour lui chanter son couplet, au milieu des autres filles et garçons groupés en demi-cercle. — Bernard et Ganthelme entrent en scène pendant que la ronde se forme, et ils s'y mêlent joyeusement.

RONDE ET CHŒUR.

I

BERNARD, *à sa danseuse qu'il amène sur le premier plan.*

Fleur de pervenche,
Auprès de vous, dès l'aube blanche,
L'oiseau descend de branche en branche.

CHOEUR GÉNÉRAL, *reprenant la ronde.*

Fleur de pervenche!

II

GANTHELME, *même jeu que Bernard.*

Fleur de lilas,
O fraîche fleur, si frêle, hélas!
Vous rajeunissez les cœurs las.

CHOEUR GÉNÉRAL, *reprenant la ronde.*

Fleur de lilas!

III

BERNARD, *après avoir pris une autre danseuse qu'il amène, comme la première, sur le devant de la scène.*

O fleur de rose,
Le rossignol, ce virtuose,
Chante au ciel votre apothéose.

CHOEUR GÉNÉRAL.

O fleur de rose!

IV

GANTHELME, *même jeu que Bernard.*

Fleur de muguet,
Quand l'amour au bois fait le guet,
Il porte au cœur votre bouquet.

CHOEUR GÉNÉRAL.

Fleur de muguet!

Ganthelme veut embrasser sa danseuse, qui se dérobe tandis que la ronde recommence. Bernard réussit par surprise à embrasser la sienne; sur quoi, celle-ci lui applique un soufflet, aux éclats de rire des uns et des autres.

SCÈNE II

LES MÊMES, DAME CLOTILDE.

DAME CLOTILDE.

Eh quoi! vous attarder ainsi, filles peu sages!
La princesse Janelle au château vous attend,
Pour aller porter ses hommages
A la Vierge des Fleurs qu'on célèbre en chantant.
Venez donc prier auprès d'elle
Et ne perdez plus un instant!

CHOEUR GÉNÉRAL.

Célébrons la Vierge en chantant,
Avec la princesse Janelle!

Les jeunes filles suivent Dame Clotilde.

15.

SCÈNE III

RAYMOND, BERNARD, GANTHELME.

Au fond du théâtre, pendant toute la scène, vont et viennent des gens du pays.

BERNARD, *à Raymond qui entre, rêveur, les yeux baissés, à pas lents.*

Où t'en vas-tu, beau ténébreux ?
Qu'as-tu fait de ton allégresse ?

GANTHELME.

Plus pensif que les rois hébreux
Et que les Sages de la Grèce,
Où t'en vas-tu, beau ténébreux ?

RAYMOND.

Ai-je un air si distrait, si triste et si maussade ?

BERNARD.

Dois-tu partir en ambassade ?

GANTHELME.

As-tu perdu ta bourse au jeu ?

RAYMOND, *souriant.*

Bah! cherchez, devinez un peu!

BERNARD.

Toi pour qui la beauté ne fut jamais rebelle,
Aurais-tu par hasard quelque chagrin d'amour?

RAYMOND.

Oui, tel est mon destin; oui, j'adore une belle
Qui ne peut m'aimer en retour.

BERNARD.

Veux-tu par une raillerie
Répondre à nos propos railleurs?

RAYMOND.

J'ai dit vrai, par sainte Marie!

GANTHELME.

Confesse-toi donc, je t'en prie,
Devant Notre-Dame des Fleurs.

BERNARD.

Voyons! quelle est celle qu'on aime?

GANTHELME.

Nous serons muets.

RAYMOND.

Curieux!
Je n'en sais vraiment rien moi-même.

BERNARD *et* GANTHELME.

Comment?

RAYMOND.

C'est très mystérieux.

TRIO.

RAYMOND.

I

Mon amour est un pur mystère
Que je garde au fond de mon cœur;
Et, devant le monde moqueur,
Un tel sentiment doit se taire.

II

Couvrons-nous d'une mine austère
Pour mieux cacher notre langueur!
Mon amour est un pur mystère
Que je garde au fond de mon cœur.

BERNARD *et* GANTHELME.

I

Son amour est un pur mystère
Qu'il conserve au fond de son cœur;
S'il craint tant le monde moqueur,
Il faudra prudemment nous taire.

II

Comme il montre une mine austère!
Sa belle lui tient donc rigueur?
Son amour est un pur mystère
Qu'il conserve au fond de son cœur.

GANTHELME.

Conte-nous un peu cette histoire!
Raymond, chacun de nous est libre mais discret.

BERNARD.

Afin que ton amour remporte la victoire,
Nous saurons t'aider en secret.

RAYMOND.

I

Je ne l'ai vue, hélas! que de loin, dans un rêve;
Autour d'elle, en parfums légers, flottait la sève
D'un jardin non moins doux que l'Éden où fut Ève.

II

Elle a levé sur moi ses yeux,
Délicieux
Comme les cieux;
Et j'ai senti, sous leur caresse,
Une tendresse
Enchanteresse.

III

Je voulais lui parler, murmurer un aveu;
Mais elle a disparu comme un divin mensonge.
« Adieu! m'a-t-elle dit en souriant un peu;
Adieu! pour moi l'amour ne doit être qu'un songe,
Un songe triste et doux. Adieu! »

GANTHELME.

Et c'est là toute l'aventure?

BERNARD.

Décidément, Raymond, tu te gausses de nous.

RAYMOND.

Non, mes amis, je vous le jure!
J'aime sans espoir, à genoux,
Une idéale créature
Dont je suis séparé par les destins jaloux.

Musique à la cantonade. — Au fond, apparaît le cortège de la princesse Janelle.

GANTHELME.

Ah! voici le cortège.

BERNARD.

Et la cérémonie
Commence, en épanchant un long flot d'harmonie.

SCÈNE IV

Les Mêmes, la princesse JANELLE, DAME CLOTILDE, ORDERIC, Suite de la Princesse, Garçons *et* Filles, Gens du Peuple.

Marche religieuse. La princesse Janelle s'avance, une couronne de roses sur la tête, entre Dame Clotilde et le duc Orderic; elle est suivie par les jeunes filles, qui portent comme elle les fleurs du printemps.

LES JEUNES FILLES.

Aube ouvrant le ciel d'or, reine du clair matin,
Notre-Dame si tendre, ô notre sainte Dame,
Faites croître et fleurir les vertus dans notre âme
Et les lys dans notre jardin!

CHŒUR GÉNÉRAL.

Faites croître et fleurir les vertus dans notre âme
Et les lys dans notre jardin!

ORDERIC, *repoussant la foule qui se presse autour de la princesse Janelle.*

Écartez-vous, manants; que ce tumulte cesse!
Arrière!

Aux jeunes gentilshommes.

Et vous, messieurs, place pour la princesse!

BERNARD, *montrant avec ironie Orderic à Raymond et Ganthelme.*

Il voudrait la tenir sous clé, pour lui tout seul;
Ah! s'il l'épouse enfin, elle aura peu de joie.

GANTHELME.

Quelle assurance il a, le noble oiseau de proie!
Obtiendra-t-il sa main du bon roi, son aïeul?

Reprise de la marche et du chœur.

LES JEUNES FILLES.

Splendeur pure, éclipsant le terrestre mirage,
O Vierge qui brillez sur nos obscurs destins,
A tous les cœurs brisés, à tous les yeux éteints,
Rendez la force et le courage!

CHOEUR GÉNÉRAL.

A tous les cœurs brisés, à tous les yeux éteints,
Rendez la force et le courage!

La princesse Janelle aperçoit Raymond, tressaille et veut dominer son trouble, tandis que le chevalier, ému comme elle, tâche également de cacher le sien. Orderic les a épiés; il ne peut plus garder aucun doute sur leurs sentiments.

RAYMOND, *à part.*

Amour, ne me trahis jamais par ta ferveur!
Ne révèle à personne au monde
L'intime anxiété, l'émotion profonde
D'où vient mon désespoir et d'où vient mon bonheur.

ORDERIC, *écartant brutalement Raymond qui cherche à se rapprocher de la princesse.*

A distance, mon gentilhomme!

RAYMOND.

Doucement!

ORDERIC, *dédaigneux.*

C'est vous que l'on nomme
Le chevalier Raymond.

RAYMOND.

C'est moi;
Et je fus même armé chevalier par le roi.

La procession se groupe autour des trois chênes; la princesse Janelle s'agenouille devant la statue de la Vierge, après avoir déposé ses fleurs sur le piédestal.

AIR ET CHŒUR.

I

JANELLE, *se relevant.*

O Vierge, ô sainte bien aimée,
Pur espoir, candeur embaumée,
Sourire où scintillent des pleurs,
Priez Jésus pour nous, Notre-Dame des Fleurs!

CHOEUR GÉNÉRAL.

Priez Jésus pour nous, Notre-Dame des Fleurs!

II

JANELLE.

Porte de l'azur, tour d'ivoire,
Blanche étoile dans la nuit noire,
Consolatrice des douleurs,
Priez Jésus pour nous, Notre-Dame des Fleurs!

CHOEUR GÉNÉRAL.

Priez Jésus pour nous, Notre-Dame des Fleurs!

III

JANELLE.

Bouquet de lumière irisée,
Fait de rayons et de rosée,
Frais parfums, célestes couleurs,
Priez Jésus pour nous, Notre-Dame des Fleurs!

CHOEUR GÉNÉRAL.

Priez Jésus pour nous, Notre-Dame des Fleurs!

La princesse Janelle s'agenouille encore, puis se relève; et, lentement, la procession se dirige vers la chapelle.

BERNARD, *admirant la princesse.*

Quelle riche parure
Et quels attraits charmants!

GANTHELME.

O les fins diamants,
Avec la perle pure!

RAYMOND, *à part.*

O le charme suave, ô la première ardeur
D'une âme de beauté, de grâce et de pudeur!
Pour une simple fleur de sa couronne frêle,
Je donnerais,
Sans nuls regrets,
Tout mon sang; et, joyeux, je mourrais devant elle.

LES JEUNES FILLES.

Vierge-mère au front pâle et doux comme un beau soir,
De notre cœur fervent faites un sanctuaire
Où, près de votre autel, une chaste prière
Balance l'or de l'encensoir!

CHOEUR GÉNÉRAL.

Auprès de votre autel, qu'une chaste prière
Balance l'or de l'encensoir!

En allant vers la chapelle, la jeune princesse passe à côté de Raymond. Une rose se détache de sa couronne et tombe aux pieds du chevalier. A la dérobée, il ramasse la rose et la cache dans son sein. Orderic, qui suivait Raymond d'un œil jaloux et qui n'a rien perdu de ses mouvements, fait deux pas vers lui pour lui arracher cette fleur. Mais Janelle tend la main et adresse la parole au duc; il est forcé d'entrer avec la princesse dans la chapelle de la Vierge.

JANELLE, *à Orderic.*

Sire Orderic!

ORDERIC.

Princesse!

JANELLE.

Entrons dans la chapelle.
Votre main!... Voyez-vous comme la fête est belle?

La procession pénètre dans la chapelle de Notre-Dame des Fleurs.

SCÈNE V

RAYMOND, BERNARD, GANTHELME, *puis* ORDERIC, *puis* LA PRINCESSE JANELLE, DAME CLOTILDE, LES CHOEURS.

RAYMOND, *à part, tirant de son sein la rose de la princesse, tandis que Bernard et Ganthelme l'observent en causant tout bas.*

AIR.

I

O petite fleur, cher trésor,
Laisse-moi te baiser et te baiser encor!
Qu'il est doux, ton parfum! Quel secret j'y devine,
O petite fleur, fleur divine!

II

Témoignage si précieux,
Astre d'amour tombé pour moi du haut des cieux,
Symbole où je crois voir une part d'elle-même,
Est-il vrai, bien vrai, qu'elle m'aime?

Orderic sort seul de la chapelle, descend les marches, vient droit à Raymond absorbé dans sa contemplation, et lui met la main sur l'épaule.

ORDERIC.

Donnez-moi cette fleur prise par trahison!

RAYMOND.

Cette fleur est à moi. Je n'ai trahi personne.

ORDERIC.

Donnez-moi cette fleur ou rendez-moi raison!

RAYMOND.

En effet, vous semblez un fat qui déraisonne.
De quel droit venez-vous, avec tant de fracas,
Me réclamer ce qui ne vous appartient pas?

ORDERIC.

Du droit d'un chevalier, lorsqu'on outrage celle
Qui sera, pour la vie et pour l'éternité,
Son joyau souverain d'honneur et de beauté,
Son légitime orgueil et son amour fidèle!
Le roi sait mon mérite, il m'accorde la main
De la princesse...

RAYMOND.

Vous, son fiancé!

ORDERIC.

Moi-même!
J'ai le consentement de son père, et je l'aime;
Et vous avez volé, là, dans notre chemin,
Ce que ne doit toucher, hors moi, nul être humain.

RAYMOND, *la main à la garde de son épée.*

Traître!

ORDERIC, *même jeu.*

Il faut qu'un de nous sur le terrain demeure;
L'implacable destin veut qu'on tue ou qu'on meure.
En garde!

RAYMOND.

Soit! je suis à vos ordres. Le roi
Peut vous favoriser, la fleur était pour moi.

ORDERIC.

C'est une calomnie infâme.

RAYMOND.

C'est la vérité, sur mon âme.

ORDERIC.

Osez-vous l'affirmer à la clarté du jour?

RAYMOND.

Un éclair de ses yeux m'a dit tout son amour.

ORDERIC.

Une dernière fois, téméraire jeune homme,
Je fais, pour vous sauver, un généreux effort :
Au nom du vieux roi, je vous somme
De reconnaître votre tort.

16

RAYMOND.

Jamais!

ORDERIC.

Vous n'avez donc pas vu quelle hécatombe,
En maint combat fameux, j'immolais sous mon fer!
Quand je ne suis plus là, notre étendard succombe;
Je reparais, tout est victorieux et fier.
Cédez!

RAYMOND.

Jamais!

ORDERIC.

Sur vous, que votre sang retombe;
Et priez Dieu, si le ciel vous est cher!

RAYMOND, *présentant Bernard et Ganthelme.*

Vous connaissez ces gentilshommes?

ORDERIC, *à Bernard et Ganthelme.*

Pour régler sans retard, à la place où nous sommes,
Une affaire d'honneur, soyez nos deux témoins!

GANTHELME.

Attendez.

BERNARD.

Choisissez une place meilleure.

ORDERIC.

Non! il faut en finir ici-même, sur l'heure.

BERNARD, *après avoir consulté Raymond du regard.*

Bien.

GANTHELME, *même jeu.*

Nous sommes à vous.

ORDERIC.

Merci pour tous vos soins!

QUATUOR.

I

RAYMOND.

L'on ne t'aura qu'avec ma vie,
Céleste fleur!
Embaume mon âme ravie,
Fleuris mon cœur!

ORDERIC.

Ici je veux avoir sa vie,
Avec la fleur
Que, sans scrupule, il a ravie
Comme un voleur.

BERNARD *et* GANTHELME.

Ils sont tous deux, mort de ma vie!
Gens de valeur;
Mais que, diable! entre eux, signifie
Tant de fureur?

II

RAYMOND *et* ORDERIC.

Comme il me tarde
De frapper fort!
Allons; en garde!
En garde, à mort!

BERNARD *et* GANTHELME.

Raymond, prends garde
Et frappe fort!
Que Dieu te garde
De male mort!

Le duel s'engage et se poursuit entre Raymond et Orderic, avec Bernard et Ganthelme pour témoins. A la cantonade, dans la chapelle, musique d'orgue, chant et chœur.

AIR.

I

JANELLE, *dans la chapelle de la Vierge.*

Arc-en-ciel apaisant l'orage,
Rive heureuse après le naufrage,
Baiser du ciel sur nos pâleurs,
Priez Jésus pour nous, Notre-Dame des Fleurs!

CHOEUR, *dans la chapelle.*

Priez Jésus pour nous, Notre-Dame des Fleurs!

II

JANELLE.

Recours des cœurs sans espérance,
Joie ineffable en la souffrance,
Oubli sûr des sombres malheurs,
Priez Jésus pour nous, Notre-Dame des Fleurs!

CHOEUR.

Priez Jésus pour nous, Notre-Dame des Fleurs!

Dans la fougue de son attaque, Raymond se découvre. Il est frappé en pleine poitrine, s'affaisse et tombe. — Au même instant, la princesse, à la tête de la procession, sort de la chapelle. Elle voit tomber Raymond, pousse un grand cri et perd connaissance.

RAYMOND, *à terre.*

Amis, à moi!

Il écarte Orderic qui veut lui arracher la rose.

Va-t'en, démon! Je meurs, Janelle.

ORDERIC.

Silence, par l'enfer!

BERNARD *et* GANTHELME, *relevant Raymond à demi.*

Raymond!

La princesse a repris connaissance; elle court à Raymond.

JANELLE.

Raymond!

RAYMOND, *rouvrant les yeux, et d'une voix mourante.*

C'est elle!

Sommes-nous réunis dans le paradis bleu?

JANELLE.

Je t'aime. Ne meurs pas!

RAYMOND.

Merci!

JANELLE.

Je t'aime.

RAYMOND.

Adieu!

Raymond retombe et meurt. La princesse, après le premier accablement de la douleur, prend la rose restée sur le cœur de Raymond et la remet à sa couronne qu'elle va suspendre, en offrande votive, devant la statue de Notre-Dame, sous les trois chênes.

JANELLE, *offrant à la Vierge sa couronne de roses.*

Vierge pleine de grâce, acceptez ma couronne!
Il n'y manque pas une fleur. Je vous la donne.

Voyez, je la suspends à ce rustique autel;
Et, morte à tout amour mortel,
Je vous consacre aussi mon âme,
O Notre-Dame!

D'un geste hautain, elle repousse Orderic.

Je ne serai point reine. Adieu, biens éclatants!
Adieu, jeunesse! Adieu, printemps!

CHOEUR GÉNÉRAL, *en sourdine.*

Adieu, jeunesse! Adieu, printemps!

JANELLE.

Dans la paix et l'ombre du cloître,
Au milieu des tombeaux glacés,
Je veux laisser mes jours décroître
En priant pour les trépassés;
C'est au ciel désormais qu'iront tous mes baisers.

CHOEUR.

C'est au ciel désormais qu'iront tous ses baisers.

JANELLE, *devant la statue de la Vierge.*

Porte de l'azur, tour d'ivoire,
Blanche étoile dans la nuit noire,
Consolatrice des douleurs,
Priez Jésus pour nous, Notre-Dame des Fleurs!

CHOEUR.

Priez Jésus pour nous, Notre-Dame des Fleurs!

Roger de Naples

DRAME EN CINQ ACTES, EN VERS

PERSONNAGES

LE ROI DE SICILE.
ROGER, prince de Naples.
PASCAL, frère de Roger.
FABIUS, neveu du Roi.
JÉROME, gentilhomme napolitain.
RANDAZZO.
TRASTAVA.
SMOREL.
UN MOINE.
UN BERGER.
UN SECOND BERGER.
LE DUC DE BRASSANO.
LE MARQUIS DE LINOSA.
LE COMTE DE STELTI.
NÉRIS, capitaine au service de Roger.
UN PAGE.

BÉATRICE, fille du Roi.
ARGINA, demoiselle d'honneur de Béatrice.
DEUX AUTRES DEMOISELLES D'HONNEUR de Béatrice.

GENTILSHOMMES SICILIENS ET NAPOLITAINS, GARDES, SOLDATS, HOMMES DU PEUPLE, DAMES DE LA COUR, FEMMES DE MESSINE.

La scène est en Sicile, au XIIe siècle.

Roger de Naples

ACTE PREMIER

Les jardins du château royal, à Messine.

SCÈNE PREMIÈRE

JÉROME, RANDAZZO, TRASTAVA, SMORFI, UN PAGE.

Jérôme, nonchalamment assis sur un banc de marbre, chante en s'accompagnant de la mandore; près de lui se tient un page. Randazzo et ses compagnons surviennent; ils se groupent un peu plus loin.

JÉROME, *chantant.*

Si le regard que j'implore,
Argina, luit dans vos yeux,
Une impérissable aurore
Emplira mon cœur joyeux.

Je vous aime, et ne réclame
Qu'un sourire printanier
Pour avoir avril en l'âme
Jusqu'au jugement dernier.

Un baiser! Et que je meure,
Emportant au noir séjour,
Dans le souvenir d'une heure,
Une éternité d'amour!

Randazzo et ses compagnons se rapprochent de Jérôme, qui continue à fredonner sur la ritournelle.

RANDAZZO.

Vraiment, on ne peut plus faire un pas, à Messine,
Sans qu'un chant d'amour, fade et faux, vous assassine;
Et même au sein des fleurs, ces troubadours manqués
Empestent l'air avec leurs vers alambiqués.

SMORFI.

C'est le petit Jérôme, un favori du prince
Roger de Naples.

RANDAZZO.

Bah! Il me semble un peu mince
Pour chanter Argina. Son aplomb me déplaît,
Et sa face de pleutre appelle le soufflet.

SMORFI.

Randazzo, prends-lui donc un instant sa mandore,
Pour lui répondre, au nom de celle qu'il adore,
Par un éclat de rire et par une chanson
Qui l'invite à tomber ailleurs en pâmoison.

RANDAZZO.

J'aimerais mieux, ayant les mains inoccupées,
Improviser, mon cher, un froissement d'épées.

TRASTAVA.

Le gourmet!

RANDAZZO.

Trastava, que ces Napolitains
Soient maudits! On les voit partout, soirs et matins,
Parés, frisés, fleuris, le bonnet sur l'oreille,
Vaguer et divaguer des balcons à la treille.
Certes, ils ont naguère, on le leur a permis,
Près de nous combattu nos communs ennemis;
Mais la guerre est finie. Il leur était facile,
Depuis un mois entier, de quitter la Sicile.
Qu'ils nous laissent chez nous!

SMORFI.

Ne comprenez-vous pas
Qu'ils ont chez nous trouvé de trop jolis appas
Pour s'en aller si tôt?

RANDAZZO.

Smorfi, vois! Il me semble
Que ce musicien nous nargue tous ensemble.

A Jérôme.

Eh! petit compagnon, que faites-vous ici?
Est-ce dans les jardins du roi, qu'on chante ainsi?

JÉROME, *remettant sa mandore au page.*

On chante quand on peut.

RANDAZZO.

Votre bruit m'importune;
Allez crier plus loin.

JÉROME.

Si je n'ai la fortune
De vous être agréable, et si, comme je vois,
Vous appréciez peu ma musique et ma voix,
Libre à vous! Vous pouvez passer outre, vous-même,
Et me laisser rêver à la beauté que j'aime;
Rien n'est plus simple.

RANDAZZO.

Oh! oh! vous avez le talent,
Non pas de roucouler, mais d'être un insolent.
Je vous le dis en face; et je vous dis encore,
Sans craindre que votre œil flambant ne me dévore,
Que vous et vos amis, des premiers aux derniers,
Vous entendez l'amour en vrais palefreniers.

JÉROME.

Vous mentez!

RANDAZZO.

Mon épée, au moins, est droite et claire.

JÉROME.

Je suis honteux d'avoir un pareil adversaire;
Mais puisqu'on me provoque, il me faut, dans le sang,
Laver l'outrage.

Ils dégainent et croisent le fer.

SCÈNE II

LES MÊMES, ROGER, PASCAL, FABIUS, STELTI, NÉRIS.

Roger et Fabius se jettent entre les combattants.

FABIUS.

Est-il permis, Dieu tout-puissant!
Aujourd'hui, chez le roi, se battre! Jeunes hommes,
Veuillez vous rappeler dans quel endroit nous sommes.

Il entraîne Randazzo à l'écart, avec Stelti.

ROGER.

Vous, Jérôme!

JÉROME.

C'était, prince, contre mon gré.

ROGER.

Oseriez-vous souiller de sang ce jour sacré?
Il appartient à la princesse. Quand, pour elle,
Tout est en fête, il faut que vous cherchiez querelle,
Près du château royal, à des gens avinés!

JÉROME.

Je me suis défendu.

ROGER.

Qu'était-ce donc? Venez.

Roger, Pascal, Jérôme et Néris s'écartent de quelques pas.

RANDAZZO, *revenant avec Fabius et Stelti.*

Mais, comte Fabius, il voulait...

FABIUS.

Imbécile!
Pourquoi faire un éclat? Sois brave, et sois docile.
Contre ces étrangers, agis plus loin, le soir,
A coup sûr, sagement, sans qu'on puisse y rien voir.

RANDAZZO.

Il voulait compromettre Argina, qu'il implore,
Et que ses chants, je crois, n'ont pas conquise encore.

FABIUS, *à part.*

Ouais!

RANDAZZO.

Notre roi sait-il combien nous aimerions
Être débarrassés enfin de ces brouillons,
Dont l'orgueil nous irrite et devient du délire?
Vous êtes son neveu, vous pourriez le lui dire.

FABIUS, *interrompant Randazzo dont la voix s'est élevée peu à peu.*

Plus bas!

Fabius et Randazzo s'éloignent, avec les autres Siciliens. Fabius et Stelti sortent; Randazzo et ses amis restent au fond du théâtre, et se parlent à voix basse. Le groupe des Napolitains revient sur le premier plan.

JÉROME, *à Roger.*

Fallait-il donc, sans honte et sans chagrin,
En le remerciant lui céder le terrain?

ROGER.

Jérôme, sois prudent.

JÉROME.

Oui, mais trop de prudence...

PASCAL, *à Jérôme.*

Regarde ces gens-là; quel gibier de potence!
J'en vois d'ici plusieurs, dont le rire blafard
Accompagne assez mal l'inquiétant regard.

A Roger.

Pourquoi nous attarder en Sicile, mon frère?
On se lasse de nous.

ROGER.

Le roi dit le contraire.

PASCAL.

Il le dit et le pense. Il nous honore, lui!
Il sent qu'il n'aurait plus sa couronne aujourd'hui,
Si nous n'étions venus promptement à son aide.
Les autres sont jaloux. A cela, nul remède.
Quand partons-nous?

ROGER.

Le roi nous retient, tu le sais.

PASCAL.

La princesse ou le roi?

ROGER.

Mon cher Pascal, assez!
Ce n'est pas sans raisons, pardieu! que je recule
Notre départ. D'ailleurs, voici le crépuscule;
Béatrice et le roi vont rentrer au palais.
Résigne-toi, pour eux, à de plus longs délais.

Roger et Pascal s'éloignent avec Néris.

RANDAZZO, *bas à Trastava qu'il ramène en avant.*

C'est convenu.

TRASTAVA.

Mais s'il n'accepte pas?

RANDAZZO.

Je gage
Qu'il acceptera tout dans un altier langage.

Arrêtant Jérôme, qui suivait Roger et Pascal.

Pardon; encore un mot, musicien pâmant!

JÉROME.

Plaît-il?

RANDAZZO.

Voulez-vous être, avec votre instrument
Et deux exécutants de valeur peu commune,
Sur le coup de minuit, ce soir, au clair de lune,
Derrière le château, vers la tour du vieux fort?
Là-bas nul ne viendra nous déranger.

JÉROME.

D'accord!

Ils sortent, tandis que, d'un autre côté, arrive le cortège royal au milieu des acclamations populaires.

SCÈNE III

LE ROI, BÉATRICE, SUITE, PEUPLE.

BÉATRICE, *aux gens du peuple qui lui offrent des fleurs.*

Grand merci, mes amis!

LE ROI, *aux mêmes.*

Dans tous les regards brille
Un plaisir franc, qui rend heureuse notre fille.
Elle a, pour ses vingt ans, offert à la cité
Le reliquaire en or d'outre-mer apporté.
Elle vous fait ce don, et pour vous on apprête
Un banquet. Achevez de célébrer sa fête.
La nuit tombe déjà. Nous qui devenons vieux,
Nous allons prendre un peu de repos en ces lieux.

VOIX DANS LA FOULE.

Vivat!

Tout le monde se retire, laissant le roi seul avec Béatrice.

SCÈNE IV

LE ROI, BÉATRICE.

BÉATRICE.

Vous êtes las, mon père?

LE ROI.

Viens. Cet arbre
Semble nous indiquer, vois-tu, le banc de marbre;
L'azur calme s'étoile, et de ce massif brun
Monte dans l'air plus frais un caressant parfum.

BÉATRICE.

Comme on vous acclamait ardemment! Si l'on m'aime,
C'est à cause de vous.

LE ROI.

C'est aussi pour toi-même.
Je sens, avec bonheur, qu'ils sont tous orgueilleux
De voir tant de beauté resplendir en tes yeux.
Moi, je vais arriver au seuil du grand mystère;
Et l'âge, lourd fardeau, me courbe vers la terre.

BÉATRICE.

Ne parlez pas ainsi; c'est très mal!

LE ROI.

Je pourrais,
Si tu n'étais pas là, m'en aller sans regrets,
Sans crainte et sans remords. Mais avant de descendre
Au tombeau, je voudrais laisser pour te défendre,
Pour te guider, t'aimer, pour régner avec toi,
Quelque fier chevalier en qui ton âme eût foi.
Tu n'es plus une enfant, ma belle Béatrice;
Tandis que tu dormais sous l'aile protectrice
Des anges fraternels, ton cœur s'est entr'ouvert,
Comme la fleur que berce en mai l'arbuste vert;
Et l'aube doucement a fait place à l'aurore.
D'une chaude rougeur ton front pur se colore :
Les jeunes filles ont à vingt ans des secrets,
Même pour leur vieux père; et je devinerais
Les tiens, mon cher espoir, tandis que ta main tremble
Dans la mienne, ou nous les devinerions ensemble,
Si tu le voulais bien. Le veux-tu?

BÉATRICE.

Je ne puis
Que vous montrer, mon père, à quel point je vous suis
Fidèlement soumise, à quel point je révère
Toutes vos volontés.

LE ROI.

J'ai donc un air sévère
Qui t'intimide?

BÉATRICE.

Non.

LE ROI.

Cependant, n'as-tu pas
Autre chose à me dire, à me dire tout bas?

BÉATRICE.

Je voudrais vous répondre, et ma parole expire.
Si j'allais vous peiner, hélas! Votre sourire
Me rassure; pourtant je ne puis surmonter
Mon trouble. Tout se tait et semble m'écouter.
Soyez bon.

A ce moment Fabius arrive en scène, aperçoit le roi et Béatrice, s'approche sans être vu ni entendu, et reste caché près d'eux.

LE ROI.

Ce matin, ici-même où nous sommes,
Nous avons rencontré plusieurs des jeunes hommes
Les plus nobles qui soient en ce pays. Tes yeux
Sont devenus soudain deux astres radieux,
Puis, comme pour celer de trop vives pensées,
Tes paupières se sont subitement baissées,
Quand le prince Roger s'est avancé vers nous.
N'as-tu jamais songé qu'avec un tel époux
Tu pourrais hautement porter le diadème?

BÉATRICE.

Oh! vous le saviez donc! C'est vrai, c'est vrai! je l'aime,
Du jour, de l'heure, où vous me l'avez présenté.
N'est-il pas la grandeur, la force, la bonté?
J'ai peur de me trahir quand je le vois paraître;
Et s'il ne m'aime pas, lui, j'en mourrai peut-être.

Mais je ne voulais pas vous l'avouer, avant
Que vous ne m'eussiez dit...

LE ROI.

Aime-le, mon enfant!

BÉATRICE, *dans les bras de son père.*

Comment avez-vous pu tout deviner?

LE ROI.

Écoute,
Sur ton émotion devais-je avoir un doute?
Lui, c'est hier qu'il vint me demander ta main;
Il tremblait comme toi, ce batailleur. Demain
Que lui répondrons-nous? Faut-il que je dispose
De ton cœur? Tu consens; tu ne dis plus : je n'ose!
Nul ne mérite mieux ton amour. Fils aîné
Du roi notre voisin, et par Dieu destiné
A porter la couronne, il a, dans cette guerre,
Vaillamment rétabli ma fortune précaire.
Tout parle en sa faveur; et vous serez bénis,
Si vous vous unissez, par deux peuples unis.
Je pourrai rendre alors ma dépouille à la terre
Et mon âme à Dieu.

BÉATRICE.

Non! Non, vous vivrez, mon père;
Non, vous verrez combien nous saurons vous chérir!
Entre vos deux enfants vous ne pourrez mourir.

LE ROI.

Tendre folie!

BEATRICE.

Il faut tenir à l'existence.
Vous allez écouter, pour votre pénitence,
Tous mes petits projets.

LE ROI.

Tu me les conteras
Dans l'ombre, en revenant inclinée à mon bras;
Allons très lentement. Après la promenade
Nous causerons encor, pendant la sérénade
Que, la nuit close, on doit te donner au palais.
Nous parlerons de lui.

Ils sortent.

SCÈNE V

FABIUS, *seul.*

Ce Roger! je le hais.
Il est temps d'en finir. Ils s'aiment. La demande
Est faite. Convient-il qu'un seul instant j'attende?
Béatrice n'a pas daigné penser à moi;
Jamais par son amour je ne deviendrai roi,
Je rêvais! Maintenant, pas de sotte indulgence!
Qu'à mon ambition profite ma vengeance!
Ma modestie avait tout prévu, par bonheur.
Mais que fait Argina? Cette fille d'honneur

Aurait-elle perdu la mémoire? Ou craint-elle
D'être prise en flagrant délit de bagatelle?
J'ai la fièvre. Un pareil retard est alarmant.
La voici. Patience!

SCÈNE VI

ARGINA, FABIUS.

On entend commencer au loin la sérénade, qui continue jusqu'à la fin de la scène.

FABIUS, *attirant Argina sur son cœur.*

Enfin!

ARGINA.

J'ai cru vraiment
Que je ne pourrais pas venir. Quelle imprudence!

FABIUS.

Argina, n'es-tu pas ma seule providence?
Est-ce qu'on m'aime encore un peu? Réponds.

ARGINA.

Ah! oui;
Oui, je suis tout entière à vous. Mais aujourd'hui,
Les jardins du château sont ouverts, pour la fête
De la princesse; et puis, la nuit n'est point discrète.
Il fait presque aussi clair, à présent, qu'en plein jour.

FABIUS.

Méchante, qui te plais à leurrer mon amour!

ARGINA.

Je ne peux vous donner ici qu'une minute.

FABIUS.

Quoi! l'on m'échapperait déjà, l'on me rebute?
Oh! reste sur mon cœur, et sois plus douce!

ARGINA.

Il faut
Que je retourne vite au palais. Un seul mot!
Viendrez-vous cette nuit?

FABIUS.

Je viendrai, quand bien même
Le vieux Satan, avec son meilleur stratagème,
Serait sur mon chemin.

ARGINA.

Méfiez-vous alors!
Évitez les rôdeurs qui traîneront dehors.

FABIUS.

Ne crains rien.

ARGINA.

Le signal?

FABIUS.

Pour le signal et l'heure,
C'est comme d'habitude.

ARGINA.

Adieu!

FABIUS.

Si tôt! Demeure
Quelques instants de plus.

ARGINA.

Je tremble.

FABIUS.

Entre mes bras,
Ne sais-tu que trembler?

ARGINA.

Peut-être que, là-bas,
On me demande; on doit remarquer mon absence.

FABIUS.

Trêve aux rébellions! Un peu d'obéissance!

ARGINA.

Mais vous n'avez pas peur, au moment de monter
Sur l'échelle de soie?

FABIUS.

Eh! je veux mériter
Tes baisers. C'est banal de passer par la porte.

ARGINA.

Vous courez, cependant, un vrai danger.

FABIUS.

N'importe!

ARGINA.

Argina sera donc votre reine ce soir.
Silence! on vient à nous, sous ce grand arbre noir.

FABIUS.

Non. Tes cheveux ont une odeur qui m'ensorcelle.
Tu régnerais, si l'on couronnait la plus belle;
Et fier de ton amour, il me plaît que tu sois
Parée en reine, au moins lorsque tu me reçois.

ARGINA.

Vous êtes singulier. Si pourtant Béatrice
Découvrait que parfois, la nuit, j'ai le caprice
De prendre ses joyaux, ses parures!

FABIUS.

Jamais
Elle n'en saura rien; rien! je te le promets.
Tout au plus croirait-elle à ta coquetterie;
Et ses bijoux te vont si bien! Oh! je t'en prie,
Règne pour moi dans ta beauté.

La sérénade s'éteint.

ARGINA.

J'entends des pas.
La musique a cessé.

FABIUS.

L'on ne m'embrasse pas?

ARGINA, *se dégageant.*

Il n'est plus temps, je pars. Quelqu'un va nous surprendre.
Laissez-moi!

Elle s'enfuit.

FABIUS, *seul, la regardant fuir.*

Pasquedieu! suis-je naïf et tendre!

Comme elle se retourne en fuyant! Je la vois
Qui me jette un baiser sur le bout de ses doigts.
On dirait la princesse, et vraiment la nature
A fort bien travaillé pour moi. Même tournure,
Même taille. On s'y trompe... Elle est hors de danger,
Elle est loin. Maintenant à vous, prince Roger!

Il sort.

SCÈNE VII

RANDAZZO, TRASTAVA, SMORFI,
DEUX SICILIENS.

UNE VOIX, *chantant à la cantonade.*

Quand je vais à ta maison haute,
O Nina, mes seules amours,
Je monte tout le temps la côte,
Mais je crois descendre toujours.

Quand je m'en retourne, sans doute
Je descends la pente; et pourtant,
Il me semble alors que la route,
Nina, va toujours en montant.

TRASTAVA.

Eh! là-bas, la musique, un petit air encore!

RANDAZZO.

Es-tu gris?

TRASTAVA.

Je suis gai.

SMORFI.

Moi, je sens Terpsichore
M'inspirer lestement.

RANDAZZO.

Ceux que nous combattrons
A minuit, ne sont pas des fous ni des poltrons;
Soyez moins turbulents, et reprenez l'allure
Qu'on doit garder, amis, lorsque l'ombre est peu sûre.
Tous les rôles sont bien distribués, je crois.
Eux deux en embuscade, avec Smorfi. Nous trois,
Nous attendrons nos gens.

SMORFI.

J'ai soif.

RANDAZZO, *emmenant ses camarades.*

Chut!

SCÈNE VIII

ROGER, PASCAL, FABIUS, JÉROME,
BRASSANO, LINOSA, STELTI, NÉRIS.

JÉROME.

Sous son voile,
La princesse brillait, ce soir, comme une étoile.

FABIUS.

L'étoile du berger!

LINOSA.

Son regard éblouit.

FABIUS.

Un regard à brûler les papillons de nuit!

BRASSANO.

Quels propos délicats, et quelle voix touchante!

FABIUS.

Elle a pris des leçons du rossignol qui chante.

STELTI.

Jamais je ne l'ai vue aussi belle.

FABIUS.

On dirait
Que le bonheur n'a plus pour elle aucun secret,
Tant ses beaux yeux sont pleins d'ardeurs mystérieuses!
Mais traitons, s'il vous plaît, de choses sérieuses :
Un moine doit prêcher demain; il a la foi,
Il prêche une croisade.

PASCAL.

Et que pense le roi?

FABIUS.

Le roi ne m'en a pas fait part. Je conjecture
Qu'il n'est plus assez vert pour tenter l'aventure...

Ils sortent. Roger retient Fabius.

SCÈNE IX

ROGER, FABIUS.

ROGER.

Vous venez de parler un peu légèrement
De la princesse, comte.

FABIUS.

A quel titre charmant
Vous a-t-elle chargé de peser mes paroles?

ROGER.

Ne m'étourdissez plus de vos répliques folles!

FABIUS.

Folles!

ROGER.

Sachez qu'au roi j'ai demandé sa main.

FABIUS.

Ah!

ROGER.

Le roi ne devait répondre que demain;
Mais devinant ma fièvre, il a daigné me dire
De lui-même, à mi-voix, avec son bon sourire,
Que désormais j'étais son fils.

FABIUS.

Heureux amant!

ROGER.

Vous comprenez comment je dois agir.

FABIUS.

Comment?

ROGER.

Béatrice...

FABIUS.

Oh! très bien! Béatrice est un ange.

ROGER.

Pourquoi donc avez-vous cette manière étrange
De le dire? Et pourquoi ce geste embarrassé?

FABIUS.

Vous êtes si bouillant, je vous parais glacé.

ROGER.

Abstenez-vous de prendre un accent ironique.

FABIUS.

Mon Dieu, que l'amour est bizarre et tyrannique!

ROGER.

Vous aurais-je offensé sans le vouloir?

FABIUS.

En rien.

ROGER.

Je vous sens prisonnier sous un obscur lien;

Chaque mot dit par vous couvre des réticences,
Et vos compliments sont de froides complaisances.

FABIUS.

Si votre amour n'était aussi fort...

ROGER.

Achevez!

FABIUS.

Du calme...

ROGER.

Avouez-moi tout ce que vous savez;
Vous n'avez plus le droit, maintenant, de vous taire.

FABIUS.

On se tait, quand parler serait peu salutaire.

ROGER.

Qu'appréhendez-vous tant, et de quoi s'agit-il?

FABIUS.

La vérité souvent est un poison subtil.

ROGER.

La vérité guérit, l'erreur seule est cruelle.

FABIUS.

On semble un peu l'auteur du mal que l'on révèle;
Vous m'en voudrez.

ROGER.

Je vous en voudrai beaucoup plus,
En vous voyant garder vos airs irrésolus;
Soyez franc.

FABIUS.

Vous m'avez, certes, sauvé la vie
Dans le dernier combat; et je cède à l'envie
De vous sauver l'honneur, prince, malgré le mal
Que vous réserve, hélas! cet entretien fatal.
Jurez-moi le secret.

ROGER.

Soit! si l'affaire est neuve.

FABIUS.

Béatrice n'est pas digne de vous.

ROGER.

La preuve!

FABIUS.

Ma parole.

ROGER.

Est-ce tout? Cela ne suffit pas.

FABIUS.

Sur ce propos hardi, nul ne ferait un pas
Sans avoir avec moi, prince, croisé l'épée.
Mais si solidement qu'on ait l'âme trempée,
On sait mal résister à de pareils assauts;
Je vous excuse.

ROGER.

Il faut des faits, après les mots.
Vous avez vos raisons; sur quoi reposent-elles?
Je veux voir de mes yeux, et voir des choses telles
Que je sois convaincu. La preuve!

FABIUS.

Vous l'aurez.

ROGER.

Par quels soins, à quelle heure, en quel lieu?

FABIUS.

Vous verrez.

ROGER.

Et que verrai-je donc? Vous hésitez encore,
Rétractez-vous.

FABIUS.

J'en ai trop dit, je le déplore;
J'aurais dû m'exprimer de moins rude façon,
Mais c'est la vérité.

ROGER.

C'est quelque trahison.

FABIUS.

Soyez avant minuit, seul, à la dérobée,
Derrière le château, près de la tour tombée;
Et là, ne perdez pas des yeux l'appartement
De la princesse.

ROGER.

Et puis?

FABIUS.

Peut-être, à ce moment,
Mettra-t-elle au balcon une échelle de soie.
Le reste!...

ROGER.

Que votre âme à l'enfer soit en proie,
Pour peu que vous ayez dit un mot au hasard!

FABIUS.

Nous nous retrouverons; je vous quitte, il est tard.
Si j'ai parlé, c'est qu'en cette épreuve suprême
Votre honneur m'est plus cher que votre amitié même.
Adieu !

Il disparaît rapidement.

ROGER.

Cela serait possible!... Il s'est enfui.
A minuit, au château. J'irai. Malheur à lui!

ACTE II

La campagne, près de Messine. Bouquets d'arbres. Ruines. Au fond, se dressent les murailles du château royal. Clair de lune. De légers nuages courent dans le ciel.

SCÈNE PREMIÈRE

FABIUS, *seul, feutre rabattu, cape brune jetée sur le visage.*

La nuit est faite exprès pour nous. Ah! quel bon air!
On y voit juste assez, sans y voir par trop clair.
Là-haut, sous son flottant capuchon gris, la lune
Semble sournoisement sourire à ma fortune.
Ai-je la clé de la poterne ? Voyons! Oui.
Je sortirai par là, c'est plus sûr aujourd'hui.

Il s'éloigne et disparaît.

SCÈNE II

RANDAZZO, TRASTAVA, SMORFI, Trois Siciliens, *puis* PASCAL, JEROME, NÉRIS.

RANDAZZO, *à Smorfi et à deux de leurs compagnons.*

Tous trois, vous attendrez derrière ces décombres,
Cachés dans l'ombre épaisse et sous vos manteaux sombres,
L'œil et l'oreille au guet. Quand le fer sur le fer
Aura bien fait tinter son cliquetis d'enfer,
Quand la lutte sera de tous points engagée,
Vous sortirez, avec une ardeur enragée,
Et nous prendrons ainsi nos gens des deux côtés...

SMORFI.

En leur disant : « Messieurs les chanteurs, déchantez ! »

TRASTAVA.

C'est un plan simple, mais parfait.

RANDAZZO.

Je le suppose !
La guerre, en résumé, ce n'est pas autre chose.

SMORFI.

Très vrai !

RANDAZZO.

Mais procédons avec célérité.

La lune ôte son voile et répand sa clarté,
En lissant sur son front ses cheveux de filasse;
Smorfi devrait aller reconnaître la place.

SMORFI.

Bon!

RANDAZZO.

Trouvez un recoin tranquille, et restez-y.

TRASTAVA.

Dépêchez-vous; nos gens vont vous surprendre ici.

SMORFI.

S'ils étaient aussi fins que nous? Bah! camarades,
Gagnez toujours du temps avec force parades.

Smorfi emmène ses deux Siciliens. Minuit sonne.

RANDAZZO.

Minuit! Et rien encor! Voilà bien le palais,
Cependant.

TRASTAVA.

Se sont-ils égarés?

RANDAZZO, *au troisième Sicilien.*

Cherchons-les.

Ils s'éloignent. Pascal, Jérôme, Néris, arrivent du côté opposé.

PASCAL.

Comme un jeune étourneau, toujours tu te hasardes.

JÉROME.

Ils m'avaient insulté.

NÉRIS.

Tenons-nous sur nos gardes.

JÉROME, *à Randazzo, Trastava et leur ami qui reviennent.*

Est-ce vous, messeigneurs, dont nos chansons d'amour
Choquaient l'oreille longue, à la chute du jour?

RANDAZZO.

Est-ce vous, messeigneurs, dont la musique austère
Semble, à chanter Vénus, porter le diable en terre?
A vos ordres!

PASCAL.

D'abord, si vous n'y trouvez pas
A redire, avançons chacun de quelques pas.

TRASTAVA.

Pourquoi donc?

PASCAL.

Il fait noir et la pente est mauvaise.

RANDAZZO.

Avançons! vous pourrez reculer à votre aise.

Ils s'en vont au dernier plan, où le duel commence et se poursuit pendant la scène suivante.

SCÈNE III

LES MÊMES, ROGER.

ROGER, *absorbé dans sa rêverie et s'arrêtant sur le devant du théâtre.*

Ainsi je suis venu, je guette, je veux voir.
O misérable cœur! Mon vrai, mon seul devoir,
C'était de démentir et de tuer cet homme.
Comment ne l'ai-je pas écrasé, moi qu'on nomme
Roger, prince royal de Naples, moi vainqueur
En vingt combats sanglants? O misérable cœur!
Pour croire au mal si vite, humanité flétrie,
De quel limon sordide et sombre es-tu pétrie?
A ces lâches soupçons tout s'avilit en moi;
Je ne sais plus aimer. Non! l'amour, c'est la foi.
En me voyant ici, me pardonnerait-elle?
On fait à son honneur une injure mortelle;
Et loin de la défendre, et loin de la venger,
Par mon trouble honteux, moi, j'ose l'outrager!
O firmament, ô nuit d'où surgira l'aurore,
J'ai douté d'elle! en qui puis-je espérer encore?
Ai-je déjà perdu la sainte loyauté,
Qui m'ouvrait l'âme en fleur au printemps enchanté;
Et n'est-il plus, pour moi, ni force, ni jeunesse,

Ni lumière, ni rien qui vaille que l'on naisse?
Oh! je mériterais qu'elle ne m'aimât pas.
Il faut m'éloigner, fuir... Je ne peux faire un pas;
Je ne peux détourner mes yeux de sa fenêtre.
Si j'allais, cependant, la voir, la reconnaître,
Et si tout était vrai! Non, non!... Quel est ce bruit?
Une rencontre armée! A cette heure de nuit!

Voyant accourir Smorfi et ses deux compagnons, l'épée nue.

Est-ce un guet-apens? Halte!

SCÈNE IV

LES MÊMES, SMORFI.

Roger arrête, l'épée à la main, Smorfi et ses deux compagnons. Smorfi tombe blessé. Les deux Siciliens s'enfuient.

SMORFI.

A moi!

Dans le fond de la scène, aux cris de Smorfi, le duel est suspendu; les six combattants accourent.

ROGER.

Pascal! Jérôme!

PASCAL.

Roger!

RANDAZZO.

Le prince ici!

JÉROME.

Ce n'est pas son fantôme.

ROGER.

C'est moi, rassurez-vous. Des gens d'aspect douteux,
Muets, l'épée au vent, couraient à vous. L'un d'eux
Reste sur le terrain. Je l'ai blessé.

SMORFI.

J'expire.

Vite, secourez-moi.

JÉROME.

Quel est ce triste sire?

TRASTAVA.

Smorfi!

ROGER.

Vous connaissez cet homme?

PASCAL.

Vos amis,
Pendant notre combat, n'étaient pas endormis.

RANDAZZO, *agenouillé près de Smorfi.*

Il souffre, il perd son sang; épargnez-lui l'injure!

A Smorfi.

Dis-moi, pauvre garçon, crois-tu que la blessure
Soit grave?

SMORFI.

J'en ai peur.

PASCAL.

Ici, que faisait-il?

SMORFI, *d'une voix faible, hésitante et entrecoupée.*

Ce que je faisais, moi? Ce n'est pas bien subtil.
Nous dévalions de nos galantes aventures...
Mon Dieu, oui!... Nous aimons les douces créatures...
Puis, de loin, tout à coup, nous voyons un combat;
Nous disons : « Des bandits... bien sûr... font ce sabbat...
Pour dérober leur bourse à des gens très honnêtes,
Qui viennent... comme nous... de quitter leurs conquêtes. »
Et bravement, sans plus songer à nos amours,
Nous dégainons alors pour leur porter secours...
Mais aurais-je déjà la fièvre et le délire?
Regardez!

Il montre du doigt le château. Tous se retournent, lèvent les yeux, et aux rayons de la lune, que voilent et dévoilent les nuages, ils aperçoivent, sur le balcon de la princesse, une femme qui a toute l'apparence de Béatrice.

JÉROME.

La princesse?

ROGER, *reculant hagard.*

Ah!

PASCAL.

Tout l'enfer conspire.

JÉROME.

Que fait-elle? On dirait qu'elle fixe au balcon
Une échelle de soie.

RANDAZZO.

Un homme y monte.

JÉROME.

Non,
Cela n'est point réel.

RANDAZZO.

Dans ses bras! Une étreinte,
Un baiser! Disparus!

JÉROME.

Je ne sais quelle crainte
M'oppresse.

PASCAL.

Au clair de lune, on voyait par moments
Briller son diadème orné de diamants.

JÉROME.

Serions-nous, par erreur, devant l'hôtellerie
Du diable? Assurément quelque sorcellerie
Tout à l'heure nous a trompés.

TRASTAVA.

L'homme revient.

JÉROME.

Avec elle!

PASCAL.

C'est bien Béatrice.

RANDAZZO.

Il la tient,
Il la contemple. Encore un baiser sur ses lèvres.

PASCAL.

Ce n'est pas un mirage évoqué par les fièvres,
Et vraiment je n'ai pas les yeux hallucinés.

RANDAZZO.

Ils rentrent.

TRASTAVA.

On dirait qu'ils se sont retournés.

JÉROME.

Plus rien. Comprenez-vous aventure pareille?

ROGER, *à Jérôme.*

Qu'on transporte chez nous cet homme; et qu'on réveille
Maître Jean Fabrello, notre vieux chirurgien.
Vous ferez sans tarder tout ce qu'il faudra.

JÉROME.

Bien.

ROGER, *à tous les assistants.*

Ce que nous avons vu doit pour vous être un rêve,
Qui s'oublie aussitôt que le soleil se lève;
Vous entendez, messieurs. J'aime les gens discrets;
Si vous disiez un mot, je vous démentirais.
Allez!

Randazzo et Trastava emportent Smorfi; tous sortent, sauf Roger et Pascal.

SCÈNE V

ROGER, PASCAL.

PASCAL.

Courage, frère!

ROGER.

Et là, cette nuit même,
Son père m'avait dit tout bas : « Elle vous aime! »
Il m'accordait sa main, il rendait grâce à Dieu!

PASCAL.

Mais qui t'a fait venir, comme nous, en ce lieu?

ROGER.

Qu'importe?

PASCAL.

T'avait-on révélé tout?

ROGER.

Qu'importe?
Béatrice est pour moi désormais une morte.

PASCAL.

Nous nous vengerons d'elle.

ROGER.

Il vaut mieux l'oublier.

PASCAL.

Sous cet affront sanglant tu ne saurais plier.

ROGER.

Mérite-t-elle encor l'honneur de ma vengeance?

PASCAL.

Est-elle digne encor de la moindre indulgence?

ROGER.

Contre une femme, il n'est, un tel acte accompli,

Qu'une arme, le silence, et qu'un recours, l'oubli.
Je méprise et je hais le mépris et la haine.

PASCAL.

Quoi! tu n'es pas jaloux?

ROGER.

La jalousie est vaine,
La jalousie a tort; elle estime toujours
Trop ou trop peu l'objet de trop lâches amours.

PASCAL.

Mordieu! je ne sais pas, lorsque l'on me défie,
M'abriter à loisir dans ta philosophie.
Et l'homme heureux, pour qui son amour est si grand,
Tu ne le maudis point?

ROGER.

Il m'est indifférent.
Toi, cesse d'aviver et d'exaspérer, frère,
Une atroce douleur. Adieu.

PASCAL.

Que veux-tu faire?

ROGER.

Je veux, Pascal, ne plus trouver dans tes regards
L'obsédant souvenir qui me poursuit. Je pars.
Laisse-moi seul.

PASCAL.

Enfin...

ROGER.

Enfin, c'est chose dite.

Que nul ne me console, et que nul ne m'irrite;
Plus un mot! Nous quittons la Sicile demain.
Dès l'aube, qu'on soit prêt à se mettre en chemin;
Tu préviendras les chefs.

Roger sort.

SCÈNE VI

PASCAL, *seul.*

Roger!... Soit! moi, je reste.
Sachons du moins quel est ce cavalier si leste,
Qui si vite à minuit enjambe les balcons.
Les étoiles déjà, comme de blancs flocons,
Fondent dans le léger ciel pâle. A l'escalade!
Tu ne m'as point laissé l'échelle, camarade,
Et je m'écorcherai peut-être les genoux;
Mais demain, chez le roi, nul ne rira de nous.

ACTE III

La salle des gardes, au château royal.

SCÈNE PREMIÈRE

FABIUS, JÉROME, RANDAZZO.

FABIUS.

Pascal a donc tenté l'assaut!

JÉROME.

A vingt reprises
Il s'est meurtri les bras sur les murailles grises;
Et l'escalade étant impossible, il a dû
Rester, attendre. Il a vainement attendu.

FABIUS.

Le galant avait-il, pour fuir d'un cœur paisible,
Cet anneau de Gygès qui vous rend invisible?

JÉROME.

Vous raillez; prenez garde!

FABIUS.

Oh ! je dis simplement
Que c'est particulier.

JÉROME.

Pour comble de tourment,
Personne n'a revu le prince.

FABIUS.

Autre mystère!

JÉROME.

Le prince nous avait ordonné de nous taire;
Mais s'il ne revient pas, nous sommes résolus
A le venger. D'ailleurs, tâchons d'en savoir plus;
A tantôt.

Il sort.

FABIUS, *à part.*

Tout va bien. Que Pascal déshonore
La princesse, et, ma foi! tout ira mieux encore.

SCÈNE II

FABIUS, RANDAZZO.

FABIUS.

Ainsi, tu t'es trouvé, Randazzo, cette nuit,
Dans cet affreux esclandre.

RANDAZZO.

Ils en mènent grand bruit.

FABIUS.

Qu'ils en mènent grand bruit, si cela peut leur plaire!
Pour nous, c'est différent.

RANDAZZO.

Eh quoi?

FABIUS.

Laissons-les faire.

RANDAZZO.

Ce bavard vous disait : « Prenez garde! » d'un ton
Qui devrait lui valoir la corde ou le bâton.

FABIUS.

Ces gens perdent l'esprit.

RANDAZZO.

Il faut que cela cesse.

FABIUS.

Bah!

RANDAZZO.

Nous les laisserions accuser la princesse!
Tous ces Napolitains nous feront-ils la loi?

FABIUS.

Non. Mais je l'aurais craint, si le fils de leur roi
Avait, selon ses vœux, épousé Beatrice.

RANDAZZO.

Il voulait l'épouser, Roger?

FABIUS.

Avec délice.

RANDAZZO.

Comment le savez-vous?

FABIUS.

Là, sans penser à mal,
Jérôme me l'a dit, qui le tient de Pascal.
Déjà, m'a-t-il narré, la demande était faite;
Le prétendant avait parlé pendant la fête.

RANDAZZO.

Et qu'avait dit le roi?

FABIUS.

Vite il avait dit oui.
Plus vite encor, voilà leur rêve évanoui.

RANDAZZO.

Tant mieux!

FABIUS.

Puis, si Pascal accuse Béatrice,
S'il persiste, soutient sa haine accusatrice,
Les armes à la main, et si nul chevalier
N'a sur lui l'avantage en combat singulier,
Aux termes de la loi, la princesse est déchue.

RANDAZZO.

Que l'ami Belzébuth à la patte fourchue
L'emporte en ses états!

FABIUS.

Le mot est un peu vif.

RANDAZZO.

Du coup vous devenez héritier présomptif!
Autrement, nous étions des gens de pauvre mine,
Abolis, ruinés, en proie à la vermine;
Mais nous sommes sauvés!

FABIUS.

Tu peux compter sur moi,
Randazzo, si, le ciel nous aidant, je suis roi.
A quoi songes-tu donc?

RANDAZZO.

Au point où nous en sommes,
Ne serait-il pas bon de voir nos gentilshommes,
De rassurer leur cœur, d'éclairer leur cerveau,
Et de tout leur montrer sous cet aspect nouveau!

FABIUS.

Oui, peut-être, en douceur. Voici la grande salle
Qui s'emplit d'empressés. Chaque figure exhale
La curiosité. Prépare tout. Il faut
Battre, en bon forgeron, le fer quand il est chaud.

RANDAZZO.

Vous serez satisfait... sire!

Fabius sort.

SCÈNE III

RANDAZZO, BRASSANO, LINOSA, STELTI,
GENTILSHOMMES SICILIENS.

LINOSA.

Quelle aventure!

BRASSANO.

C'est invraisemblable.

STELTI.

Eh! tout est dans la nature.

LINOSA.

Justement, j'aperçois Randazzo, qui, dit-on,
A suivi, d'un œil froid, la scène du balcon.

STELTI.

Qu'as-tu vu, Randazzo?

Tous les assistants se groupent autour de Randazzo.

RANDAZZO.

Ce qu'on ne saurait croire
Sans l'avoir vu.

BRASSANO.

Pourtant, de loin, dans la nuit noire,
On pouvait s'y tromper.

RANDAZZO.

Non, malheureusement.
Le clair de lune était superbe à ce moment.
Il me semble encor voir briller le diadème
Sur son front...

LINOSA.

C'était bien la princesse?

RANDAZZO.

Elle-même!

BRASSANO.

Un tel air de candeur, un sourire si pur!

RANDAZZO.

J'en reste, autant que vous, surpris; mais j'en suis sûr.
O femmes! Pour ma part, j'ai connu dans Catane
La fille d'un drapier...

STELTI.

Bon! quelque courtisane!

RANDAZZO.

Non pas! Un séraphin! Elle avait la beauté
D'une source limpide et fleurie, en été.
Blonde, regard d'azur et naissante poitrine,
Elle aurait pu poser pour sainte Catherine,
Quand elle travaillait, assise auprès du seuil.
Sa mère l'éduquait avec un tendre orgue
En lui disant bonjour, je me sentais timide

STELTI.

Pas pour longtemps!

RANDAZZO.

Si fait. Et quel accent placide!
Convoiter son amour me semblait un péché.
Un soir que j'étais gris, elle m'a débauché.

LINOSA.

Ce Randazzo!

RANDAZZO.

Messieurs, l'histoire est authentique.

LINOSA.

Ce n'était, après tout, qu'un tendron de boutique.
Mais il paraît, Stelti, que le seigneur Pascal
Est furieux.

STELTI.

Vraiment!

RANDAZZO.

Cela nous est égal.

LINOSA.

Ses amis parlent tous d'une traîtrise obscure.

RANDAZZO.

Les niais!

LINOSA.

Devons-nous supporter leur injure?

RANDAZZO.

Je me battais contre eux à minuit. Je voudrais
Les savoir quelque part, où l'on se trouve au frais
Pour toujours. Et dans cette humeur, je m'intéresse
Très médiocrement à la jeune princesse.

BRASSANO.

Tu dis?

RANDAZZO.

Je ne dis rien. Seulement saviez-vous
Que le prince Roger lui faisait les yeux doux,
Qu'il avait demandé sa main au roi, son père,
Et l'avait obtenue?

BRASSANO.

Oh! c'est une autre affaire.

RANDAZZO.

Jérôme, qui, trop haut, devant moi se fâchait,
Pourra vous éclairer sur ce royal projet.
Donc, si nous n'avions vu, sans ombre de malice,
Que la princesse n'est pas tout à fait novice,
Nous étions menacés d'un roi napolitain.

LINOSA.

Enchaînement bizarre!

STELTI.

On ne peut du destin
Se plaindre énormément.

RANDAZZO.

Quant à moi, je respire.

BRASSANO.

Mauvais cas!

LINOSA.

Le contraire eût pour nous été pire.

STELTI.

Les faveurs, les profits auraient été pillés,
A la barbe des gens, par nos bons alliés.

RANDAZZO.

Il faut donc se tenir tranquille, en l'occurrence.
Je tire à la princesse une humble révérence;
J'ai vu ce que j'ai vu, de mes yeux, sans erreur.
Mais chut! Voici venir Pascal et sa fureur.

SCÈNE IV

LES MÊMES, PASCAL, JÉROME, NÉRIS, GENTILSHOMMES NAPOLITAINS, *puis* FABIUS *et* TRASTAVA.

PASCAL, *à Jérome.*

Quelqu'un en sait-il plus?

JÉROME.

Pas la moindre nouvelle.

PASCAL.

Et que dit-on?

JÉROME.

Chacun se creuse la cervelle.

PASCAL.

Où retrouverons-nous Roger?

A Fabius qui entre avec Trastava.

Comte, on a dû
Vous donner les détails.

FABIUS.

Je me suis défendu
D'émettre aucun avis. Je voulais vous entendre.

PASCAL.

Tout est vrai. J'aurais cru la princesse moins tendre.

FABIUS.

Mais votre frère?...

PASCAL.

Ils l'ont sans doute assassiné.
Comment savoir quel est son rival fortuné?
Nous nous sommes promis, quoi qu'il arrive, comte,
Une pleine vengeance, une vengeance prompte.

FABIUS.

Que prétendez-vous faire?

PASCAL.

Accuser et punir.

FABIUS.

Qui?

PASCAL.

La coupable, et qui voudra la soutenir.

FABIUS.

La coupable! Pascal, votre parole est dure.

PASCAL.

C'est le mot qui s'impose en telle conjoncture.

FABIUS.

Avez-vous bien compris vers quel but vous allez?

PASCAL.

Avez-vous quelque chose à m'apprendre? Parlez.

FABIUS.

En champ clos, vous devrez, sans aucun armistice,
Combattre à mort celui qu'entre tous Béatrice,
Pour être son tenant, choisira dans son cœur.

PASCAL.

Soit! je le combattrai.

FABIUS.

Si vous êtes vainqueur,
On exécutera la Loi-Rouge, établie
Par l'évêque Léon, mort pape en Italie.
Elle frappe à dessein d'un châtiment plus grand
Ceux que le crime fait tomber d'un plus haut rang;
Et par le sang du Christ chaque prince, en personne,
Jure de l'observer, lorsqu'il ceint la couronne.
Or, selon cette loi, la malheureuse enfant,
Dont vous auriez prouvé la honte en triomphant,
Trois jours dans un couvent demeurerait captive;
Et les trois jours passés, on la brûlerait vive.
Chercherez-vous encore un combat sans merci?

PASCAL.

Je n'ai pas fait la loi, mais je l'accepte ainsi.

FABIUS.

Vous restez sans pitié.

PASCAL.

Je reste sans faiblesse.

FABIUS.

Cher Pascal, attendez.

PASCAL.

Non!

UN PAGE, *annonçant.*

Le roi! la princesse!

SCÈNE V

LES MÊMES, LE ROI, BÉATRICE, ARGINA, SUITE.

PASCAL.

Sire, au nom du vrai Dieu par vous représenté,
Justice! j'en appelle à Votre Majesté.

LE ROI.

Serait-ce un de ces cas graves, qu'on nous défère?

PASCAL.

Justice pour Roger, justice pour mon frère!

LE ROI.

Justice contre qui?

PASCAL.

Sire, pardonnez-moi.
Vous êtes père, mais d'abord vous êtes roi.

LE ROI.

Qui donc accusez-vous?

PASCAL.

J'accuse votre fille.

LE ROI.

Elle! ici! devant moi! sous le soleil qui brille!

PASCAL.

Le fait n'est point douteux; j'offre de le prouver.
Daignerez-vous m'entendre?

LE ROI.

Osez-vous me braver?

PASCAL.

Je remplis un devoir, encor qu'il soit pénible.

BÉATRICE.

Pour Roger? un devoir? C'est incompréhensible.
O mon père, est-ce moi dont il veut parler?

PASCAL.

Oui.
Vous comprenez trop bien.

BÉATRICE.

Quoi donc?

PASCAL.

C'est inouï.
Repentez-vous, au moins, vous et votre complice!

LE ROI.

Adressez-vous à nous, si vous voulez justice.

L'insulte, quels qu'en soient la victime et l'auteur,
N'a jamais rien prouvé que contre l'insulteur.
Un accès de démence et d'orgueil vous abuse;
C'est elle, mon enfant, que votre voix accuse!
Apprenez que Roger m'a demandé sa main;
Elle aime votre frère; et je devais, demain,
Avant de consacrer une si noble chaîne,
Faire annoncer partout leur union prochaine.
Ma fille ne voulut jamais un autre époux.
Qu'attendez-vous de moi? Que lui reprochez-vous?
Je connais mieux son cœur, peut-être, qu'elle-même;
Et je sais qu'elle est digne encor du rang suprême.

PASCAL.

Je le croyais hier, j'en doute en ce moment.

LE ROI.

Vous tous qui l'écoutez, vous voyez bien qu'il ment.
Sur ma fille et sur moi nul ne peut se méprendre.

PASCAL.

Vous voulez me juger sans me vouloir entendre.

LE ROI.

Parlez donc, s'il le faut.

PASCAL.

Hier, près du palais,
A minuit, avec deux compagnons, je réglais
Contre trois de vos gens une sanglante affaire.
J'ignore quel hasard mena par là mon frère;
Nous étions réunis, quand soudain une voix
S'écria : « Regardez! » Alors, tous à la fois,

Nous levâmes les yeux; et, la nuit étant claire,
Nous vîmes la princesse au balcon.

BÉATRICE.

Moi, mon père!
Moi!

PASCAL.

Sur vos diamants la lune étincela.

BÉATRICE.

Moi, moi!

PASCAL.

Je vous voyais comme je vous vois là.

LE ROI.

Poursuivez!

PASCAL.

Dans l'espace, aux rayons de la lune,
Surgit de l'ombre alors un homme en cape brune.
Une échelle de soie, attachée au balcon,
Le portait. Il gravit le dernier échelon,
Et d'un élan léger franchit la balustrade.
La princesse, penchée, aidait à l'escalade;
En un clin d'œil, d'un bond, il fut entre ses bras.

LE ROI.

L'avez-vous reconnu?

PASCAL.

Lui? Non. Je ne sais pas
Quel était ce coureur de nocturne aventure;
Son chapeau rabattu lui cachait la figure.

BÉATRICE.

Mais enfin!...

PASCAL.

Dites-nous son nom; vous le savez.

BÉATRICE.

Quelle honte!

PASCAL.

En effet, quelle honte!

LE ROI.

Achevez!

PASCAL.

Ils rentrèrent tous deux dans l'ombre. Une minute,
Notre esprit révolté voulut se mettre en lutte
Avec nos sens; mais non! le couple scandaleux
Reparut, inondé des pâles rayons bleus.
On ne pouvait nier plus longtemps. Ah! mon frère
Sentait dans le mépris se noyer sa colère.

BÉATRICE.

Il ne souffrirait point qu'on me parlât ainsi.

PASCAL.

Comment expliquez-vous qu'il ne soit pas ici?
Ne nous opposez plus quelque inutile feinte;
Avouez, avouez maintenant.

BÉATRICE.

Vierge sainte!

PASCAL.

Ai-je dit vrai, Jérôme?

JÉROME.

Hélas! oui, jusqu'au bout.
Je le regrette.

PASCAL, *à Néris.*

Et vous?

NÉRIS.

J'étais là, j'ai vu tout.

PASCAL.

Ceux-ci sont mes amis.

A Randazzo.

Vous, témoin oculaire,
Vous qui nous attaquiez, direz-vous le contraire?

RANDAZZO.

Je ne le peux. J'en suis contre vous irrité,
Je vous hais. Néanmoins, c'est la réalité.

PASCAL, *à Trastava.*

Et vous, son camarade, allez-vous me confondre?

TRASTAVA.

Je le voudrais.

PASCAL, *au compagnon de Randazzo et Trastava.*

Et vous?

LE SICILIEN.

Je n'ai rien à répondre.

PASCAL, *au roi.*

Douterez-vous toujours?

LE ROI.

En croirais-je mes yeux?
J'atteste hautement la lumière des cieux!
C'est un blasphème. O ma très chère Béatrice,
Ils ne parviendront point à te flétrir.

PASCAL.

Justice!

LE ROI.

Gardez plus de respect en nous apostrophant!
Vous ne voyez donc pas les pleurs de mon enfant?

PASCAL.

Quand le sang doit couler, que m'importent les larmes?

LE ROI.

Aide au roi, chevaliers!

PASCAL.

Moi, votre frère d'armes,
Et dont vous savez tous le rang, l'honneur, la foi;
Moi, vainqueur avec vous de nos ennemis; moi,
Issu d'aïeux royaux par mon père et ma mère;
Moi prince, moi chrétien, dans ma tristesse amère,
J'affirme ici, barons, avec solennité,
Que, fidèle au devoir, j'ai dit la vérité.
Dieu sera mon garant! A tous je fais connaître
Que je tiens et tiendrai pour félon et pour traître,
Quiconque aura l'audace extrême et le malheur
De défendre un instant cette femme sans cœur;
Que, dès le jour qui luit et dès l'heure qui sonne,

Je suis prêt à lutter, moi, Pascal, en personne,
A mort, contre celui qui se présentera
Pour relever mon gant, et le relèvera.

Il jette son gant à terre. Un silence.

LE ROI, *aux gentilshommes siciliens.*

Répondez, mes amis! Vous venez de l'entendre,
Il vous a défiés. Que pouvez-vous attendre,
Qu'attendez-vous? Pourquoi semblez-vous consternés?
Est-ce que, devant lui, vous nous abandonnez?
Il accuse ma fille, il l'accuse d'un crime
Incroyable. Pensez, pensez à la victime
Qu'il veut ainsi frapper. Mais cet homme est un fou,
S'il n'est un monstre. Il a cru voir, on ne sait où,
Des apparitions que nul ne peut comprendre!
En son récit grossier je ne veux pas descendre.
Si par sa véhémence il a su vous troubler,
Vous a-t-il convaincus, vous a-t-il fait trembler?
Êtes-vous les héros de ma vieille Sicile,
Et relever un gant est-il si difficile?
Vous demeurez muets, et nul ne la défend!
Fabius, il s'agit de mon unique enfant;
Vous combattrez cet homme!

FABIUS.

Avec Roger, son frère,
Il m'a sauvé la vie à la fin de la guerre;
Bien d'autres, mieux que moi, contre eux vous serviront.

LE ROI.

C'est donc vous, Brassano, qui repoussez l'affront!

BRASSANO.

Sire, je suis trop vieux pour un tel adversaire.

LE ROI.

Vous, Stelti, Linosa, sera-t-il nécessaire
Qu'en public votre roi, bruyamment insulté,
Fasse un appel direct à votre loyauté?

Stelti et Linosa baissent les yeux sans répondre.

Lorsque l'on a besoin d'un cœur qui se dévoue,
Quel silence de mort, quel abîme de boue!

Il se détourne avec mépris.

STELTI, *bas à Linosa.*

C'est terrible; mais moi, je ne suis pas l'amant.

LINOSA, *bas à Stelti.*

Ni moi non plus!

ARGINA, *à part, avec désespoir.*

Mon Dieu!

FABIUS, *bas à Argina.*

Tais-toi!

ARGINA.

Quel châtiment!

LE ROI.

Donc, pas un de ces preux ne trouve le courage
De venger une femme, une enfant qu'on outrage!
Ah! ce n'est pas ainsi que de mon temps, barons,
Les jeunes chevaliers gagnaient leurs éperons.
Vit-on jamais pareil opprobre sur la terre?
De ces hommes, pas un n'est digne d'être père.

Si ma fille eût vraiment aimé quelqu'un d'entre eux,
Ne serait-il pas là, lui, non plus ténébreux,
Ni caché sous son feutre et sous sa cape brune,
Mais fier, revendiquant une telle fortune,
Le cœur tumultueux comme les vastes mers,
La lèvre foudroyante et les yeux pleins d'éclairs?
S'il existe et s'il est présent, quel qu'il puisse être,
Qu'il s'avance et paraisse! Il est temps de paraître.
S'il répond, s'il combat, son crime est pardonné.
Survivant, par moi-même il sera couronné;
Je lui promets la main de ma fille, et lui laisse
Un sceptre désormais trop lourd pour ma faiblesse.

ARGINA, *à part.*

O sinistre abandon!

PASCAL.

Ce seigneur de beauté
Ne porterait-il pas une épée au côté?

LE ROI.

Quoi! tous, vous acceptez ce qu'il vient de nous dire!
C'est une lâcheté vile, c'est du délire.
O vieillesse impuissante, ô corps appesanti,
Cœur brisé par les ans! Mais il en a menti!
Vous, aux veines de qui bout l'ardente jeunesse,
Armez-vous, protégez l'innocence en détresse!
Amis, la cause est sainte et vous triompherez!

Silence général.

Ah! sortez, sortez tous! Vous la déshonorez!

Tous sortent, sauf le roi et Béatrice.

SCÈNE VI

LE ROI, BÉATRICE.

LE ROI.

Maintenant qu'ils sont tous partis, soyez sincère!
Béatrice, est-ce vrai?

BÉATRICE.

Vous après eux, mon père!

LE ROI.

Dis!

BÉATRICE.

Vous doutez de moi.

LE ROI, *après avoir longuement regardé Béatrice.*

Dans tes yeux j'ai bien lu;
Tu ne m'as pas trompé, tu n'aurais pas voulu.

BÉATRICE.

Vous pouvez m'embrasser.

LE ROI.

Ce Pascal est infâme.
Je ne sais quoi d'obscur, pourtant, reste en mon âme.
Personne, tu l'as vu, n'a pris parti pour toi;
Bien que je sois ton père et que je sois le roi,

Je frémis, je crains tout. Veux-tu fuir? Un passage,
Dont j'ai seul le secret, conduit jusqu'à la plage;
Et nous pouvons, à bord d'un navire étranger,
Demain, si tu le veux, être hors de danger.

BÉATRICE.

Que me demandez-vous? Qui? moi! que je consente
A fuir, à déserter! Mais je suis innocente,
Mon père!

LE ROI.

Épargne-moi de plus grandes douleurs!

BÉATRICE.

Oserais-je mêler mes larmes à vos pleurs,
Aurais-je un cœur sans trouble, un front sans épouvante,
Serais-je ici debout, serais-je encor vivante,
Si je n'avais tenu haut et pur notre honneur!

LE ROI.

Ah! merci; j'ai voulu t'éprouver, j'avais peur.

BÉATRICE.

Comme, en m'interrogeant, vous m'avez regardée!

LE ROI.

Au premier mot d'aveu, je t'aurais poignardée.
Mais l'honneur étant sauf, le reste importe peu;
Et je remets ta cause entre les mains de Dieu.

ACTE IV

PREMIER TABLEAU

Une forêt, au coucher du soleil.

SCÈNE PREMIÈRE

ROGER, *seul.*

Il vient de mettre pied à terre; son cheval erre sous bois en liberté.

A quoi bon m'en aller plus loin? Je tomberais
D'épuisement bientôt. Toi, puisque ces forêts
T'offrent leurs frais ruisseaux, leur ombre, leur verdure,
Va, mon pauvre cheval, va! Cherche, d'aventure,
L'eau dont j'entends d'ici le murmure courir;
Et laisse-moi souffrir, et laisse-moi mourir!
Hélas! c'est seulement au mal qui me dévore,
Qu'en cet accablement je me sens vivre encore.
Elle avait l'air si douce et si pure; sa voix
Était si caressante! Il me semble parfois

Que j'ai vieilli, vieilli, de mille et mille années,
Que j'ai vu choir du ciel les étoiles fanées,
Et que je vois s'éteindre à jamais le soleil.
Qu'il s'éteigne! j'aspire à l'éternel sommeil.
Adieu, lumière; adieu, mémoire; adieu, torture!
Adieu, rêve adorable et vain de la nature!
Beauté, tu n'es qu'un piège! Oui, tout, le ciel, la fleur,
L'innocence, l'amour, tout ment, hors la douleur!
Je ne regrette rien. Ma lassitude est telle,
Que mon âme ulcérée a peur d'être immortelle.
Je veux l'oubli, je veux le repos, le néant.
Rejetez-moi, Seigneur, dans l'infini béant;
Faites de ma pensée un peu d'azur paisible!
Qu'il ne subsiste rien de moi que d'insensible;
Et que tout s'accomplisse en toute éternité,
Comme si rien de moi n'avait jamais été!

Il tombe sans connaissance.

SCÈNE II

ROGER, UN MOINE, DEUX BERGERS.

Chant à deux voix dans le lointain.

I

PREMIÈRE VOIX.

L'amour est un enfant qui pleure.

DEUXIÈME VOIX.

L'amour est un enfant qui rit.

ENSEMBLE.

L'amour est un enfant qui leurre
Le cœur et l'esprit.

II

PREMIÈRE VOIX.

L'amour est aveugle, ô souffrance!

DEUXIÈME VOIX.

L'amour est aveugle, ô bonheur!

ENSEMBLE.

L'amour, c'est l'aveugle espérance
Ou l'aveugle peur.

III

PREMIÈRE VOIX.

L'amour à l'enfer nous convie.

DEUXIÈME VOIX.

L'amour dans le ciel nous endort.

ENSEMBLE.

L'amour est plus grand que la vie,
Plus fort que la mort.

Les voix se sont rapprochées peu à peu. Les deux bergers, qui chantent, entrent en scène au dernier couplet. Ils escortent un vieux moine et portent des provisions.

LE MOINE.

Eh! païens, ce n'est pas tout à fait un cantique
Que vous chantez pour moi.

PREMIER BERGER.

Bah! c'est un air antique;
Il s'est transmis à nous de berger en berger.

LE MOINE.

L'air me plaît, mais le sens me semble un peu léger.

PREMIER BERGER.

Moins lourde nous paraît notre charge, mon père.
Chanter, c'est oublier.

DEUXIEME BERGER, *apercevant Roger.*

Un homme est là, par terre,
Couché tout de son long. Venez voir.

PREMIER BERGER.

Comme il dort!

LE MOINE.

Il ne respire pas. On dirait qu'il est mort.

DEUXIÈME BERGER.

Mort!

PREMIER BERGER.

Est-il mort, vraiment?

LE MOINE, *penché sur Roger.*

Regardons.

DEUXIEME BERGER.

Oh!

LE MOINE.

Silence!

Le cœur bat.

DEUXIEME BERGER.

Qu'a-t-il donc?

LE MOINE.

Rien qu'une défaillance.

Toi, Luc, mouille son front. Toi, viens m'aider, Sylvain,
A lui faire avaler deux doigts de votre vin.

PREMIER BERGER.

Pauvre jeune seigneur!

DEUXIEME BERGER.

Il reprend connaissance.

LE MOINE, *à Roger.*

Levez la tête.

ROGER.

Où suis-je? Est-ce encor l'existence?

LE MOINE.

Buvez.

ROGER.

Je n'en ai pas besoin.

LE MOINE.

Redressez-vous.

ROGER.

Que veulent-ils de moi? Mourir m'était si doux!

LE MOINE.

Vous avez donc beaucoup souffert?

ROGER.

Peu vous importe.

LE MOINE.

Je parle au nom du ciel.

ROGER.

L'épreuve était trop forte.

LE MOINE.

Ne désespérez pas!

ROGER.

Il est en mon pouvoir
De pardonner, mais non d'espérer.

LE MOINE.

Fils, l'espoir,
Lorsqu'on le met en Dieu, n'est plus la flamme vaine
Qui tremble sous nos doigts et que souffle une haleine;

C'est l'astre souverain qui, vainqueur des hivers,
Revient à chaque aurore éclairer l'univers.

ROGER.

Hélas! la vérité m'apparaît, plus livide
Que la mort; et le monde entier me semble vide.
Je ne puis plus aimer.

LE MOINE.

Qu'en pouvez-vous savoir?
Aimer est une grâce, et vivre est un devoir.
Est-ce que le printemps meurt d'un éclair d'orage?
Est-ce que, sous la faux, le pré se décourage?
Quand la première fleur commence à se flétrir,
Le jardin verdoyant ne veut-il plus fleurir?
Luttez, cherchez l'appui des âmes fraternelles
Et rassérénez-vous aux clartés éternelles.
Il est bon d'être aimé, mais vous verrez un jour
Qu'il est meilleur encor d'être digne d'amour.

ROGER.

Si je pouvais mourir pour elle!

LE MOINE.

Il faut renaître.

ROGER.

Si je pouvais pour elle immoler tout mon être,
Si je pouvais laver sa faute avec mon sang!
Mais a-t-elle un regret? pense-t-elle à l'absent?
Qui l'aimera jamais comme je l'eusse aimée?
Trahie un jour peut-être, outragée, opprimée,

Elle se souviendra de moi, m'appellera;
Et si je meurs, qui donc alors la défendra?
Je la vois! je la vois! c'est elle, Béatrice,
Elle, pâle, implorant ma pitié protectrice,
De son chaste regard, si pénétrant, si beau,
Mon père! Aidez-moi tous à sortir du tombeau;
Je vivrai!

LE MOINE.

Venez donc reposer votre tête
Et calmer votre cœur dans mon humble retraite,
Pour en partir demain plus vaillant et plus fier.

Aux deux bergers.

Vous, mes jeunes amis, reprenez le vieil air.

Les deux bergers reprennent leur charge et leur chanson.

PREMIER BERGER.

L'amour à l'enfer nous convie.

DEUXIÈME BERGER.

L'amour dans le ciel nous endort.

ENSEMBLE.

L'amour est plus grand que la vie,
Plus fort que la mort.

DEUXIÈME TABLEAU

Chez Fabius.

SCÈNE PREMIÈRE

FABIUS, SMORFI.

SMORFI.

J'espérais...

FABIUS.

Impossible aujourd'hui!

SMORFI.

C'est dommage.

FABIUS.

Ton tour viendra.

SMORFI, *s'inclinant avec mauvaise grâce.*

Daignez recevoir mon hommage.

Il fait quelques pas pour sortir, puis revient vers Fabius.

Cependant, monseigneur, j'aimerais beaucoup mieux
Que mon tour fût déjà venu.

FABIUS.

Quoi?

SMORFI.

J'ai bons yeux,
Bonne langue, main leste, avec un brin de vice.

Je pourrais, au besoin, vous rendre un vrai service;
Et je me suis battu, je me suis fait blesser.

FABIUS.

Je te dis que plus tard...

SMORFI.

Pourquoi récompenser
Randazzo, Trastava, tandis que l'on m'oublie?
J'ai les mêmes droits qu'eux.

FABIUS.

Ah! trêve de folie!
Me voudrais-tu donner des leçons maintenant?

SMORFI.

Non, mais je voudrais bien...

FABIUS.

Te tairas-tu, manant!
Hors d'ici! Comprend-on prétentions pareilles?
Ne reviens plus jamais m'échauffer les oreilles,
Et fais le mort, jusqu'à ce que l'on pense à toi;
Sinon!...

Smorfi salue humblement Fabius, qui soulève la tapisserie et sort.

SCÈNE II

SMORFI, *seul.*

Il me paiera cet outrageux renvoi.
Comte, on vous adorait, on chantait votre gloire;

Puisqu'on n'y gagne rien qu'un refus dérisoire,
On fera le contraire. Ah! vous m'avez chassé!
Vous avez eu grand tort.

Au moment où il va sortir, la porte s'ouvre et il se trouve en face de Jérôme.

SCÈNE III

JÉROME, SMORFI.

JÉROME.

C'est bien vous le blessé
De l'autre soir? Alors, c'est guéri?

SMORFI.

Je le pense.
J'accourais à votre aide, et j'eus pour récompense
Un joli coup d'épée.

JÉROME.

Et pourquoi n'avoir pas
Abaissé votre fer devant Roger, là-bas?
Le comte est-il chez lui?

SMORFI.

J'ai vu Son Excellence.

JÉROME.

Est-ce qu'il reste encore un rayon d'espérance
Pour la princesse? Hélas! c'est demain le grand jour.

Pascal tient son défi. Que dit-on à la cour?
Que pense Fabius? Il est prévôt des armes...

SMOREL.

Le sort de la princesse excite vos alarmes?

JÉROME.

Je me rappelle encor combien l'aimait Roger;
Et je la défendrais, si je pouvais songer
A combattre Pascal. Un instinct sûr me crie
Que l'on est abusé par quelque diablerie.

SMOREL.

Avez-vous des soupçons?

JÉROME.

Qui peut-on soupçonner?

SMOREL.

Personne évidemment. Mais on peut raisonner.

JÉROME.

On en perd la raison.

SMOREL.

La chose est ténébreuse.
Le prince? disparu! La princesse? amoureuse!
En vos soupçons, d'abord, sachez vous limiter.
A qui, diantre! cela devrait-il profiter?

JÉROME.

C'est juste.

SMOREL.

Si demain la princesse, souillée,
Abandonnée, était de ses droits dépouillée,
Quel serait l'héritier présomptif du vieux roi?

JÉROME.

Le comte Fabius, n'est-ce pas?

SMORFI.

Oui, ma foi!

JÉROME.

Où le profit se trouve, il faut chercher le crime;
Mais comment distinguer le vrai, dans cet abîme?

SMORFI.

Avant la guerre, avant que vous vinssiez ici,
Le comte avait le jeu d'un amoureux transi
Auprès de la princesse, et, s'efforçant de plaire,
Lui faisait bellement une cour exemplaire.
Elle est le seul obstacle entre le trône et lui.
Ce qu'un temps on a vu m'inquiète aujourd'hui.

JÉROME.

Pour le prince Roger, le comte a fait paraître
Beaucoup de dévoûment et d'amitié.

SMORFI.

Peut-être!

JÉROME.

Le prince l'a sauvé d'un sérieux danger.

SMORFI.

Justement! Dot, amour, le beau prince Roger
Prend tout; et Fabius étant gonflé d'envie,
Pour comble d'insolence il lui sauve la vie.
C'est fort désobligeant, avouez-le!

JÉROME.

Je vois
La vérité sortir de l'ombre à votre voix.

SMOREI.

Oh! déjà?

JÉROME.

Fabius, me disais-je sans cesse,
Fabius a dû tendre un piège à la princesse.

SMOREI.

Bien!

JÉROME.

Je ne sais aimer ni haïr à demi;
Aidez-moi, je serai franchement votre ami.

SMOREI.

Ce que j'ai pu vous dire est cependant très vague.

JÉROME.

Voulez-vous m'obliger? Acceptez cette bague,
Et que je ne sois plus pour vous un étranger!

SMOREI, *refusant mollement la bague.*

Un tel joyau? Jamais!

JÉROME, *le forçant à l'accepter.*

Mais si, pour m'obliger.
Causons à cœur ouvert.

SMOREI.

Nous sommes chez le comte.
Vous avez le ton haut et la parole prompte;
Il serait plus prudent de s'expliquer plus loin.

JÉROME.

Sortons d'ici.

SMORFI.

Sortons. Mais qu'on prenne grand soin
D'observer tous les pas du comte, et qu'à toute heure
Des hommes dévoués surveillent sa demeure!

JÉROME.

Je vais m'en occuper.

Ils sortent. Fabius rentre du côté opposé, sans les avoir vus.

SCÈNE IV

FABIUS, *seul.*

Le braillard est parti!
Ce Smorfi m'inquiète à présent. J'ai senti
Qu'il était furieux de partir les mains vides.
Comme avec moi déjà ces drôles sont avides!
Qu'ai-je à craindre, d'ailleurs? Personne ne sait rien,
Sauf la belle Argina qui nous veut tant de bien,
Et qui jamais pour nous ne sera fort gênante.

Tandis qu'il réfléchit, Argina entre sans bruit par une porte dérobée, et s'approche de Fabius. Il se retourne brusquement.

SCÈNE V

ARGINA, FABIUS.

FABIUS.

Vous chez moi! sans m'avoir averti! frissonnante!
Parle, mais parle enfin; je t'en supplie, au nom
De notre amour. Dis tout! sommes-nous perdus?

ARGINA.

Non.

FABIUS.

On n'a rien découvert?

ARGINA.

Rien.

FABIUS.

Quelqu'un nous soupçonne?

ARGINA.

Je ne crois pas.

FABIUS.

Crains-tu quelque témoin?

ARGINA.

Personne!

FABIUS.

Pourquoi donc et comment vous trouvez-vous ici?

ARGINA.

Je devais me servir de la clé que voici,
Pour les cas imprévus. J'ai fait ce que naguère,
En me la confiant, vous m'avez dit de faire.
Ne devinez-vous pas pourquoi j'avais besoin
De venir en lieu sûr vous parler sans témoin?

FABIUS.

Je ne suis pas devin.

ARGINA.

Vous êtes gentilhomme!
N'avez-vous ni pitié, ni remords, comte? En somme,
Il faut que nous sauvions la princesse à tout prix.

FABIUS.

Que vous la plaigniez fort, je n'en suis pas surpris;
Mais...

ARGINA.

Je me fais horreur en ma lâche impuissance;
Je voudrais révéler, crier son innocence.
Dès l'enfance, elle fut pour moi comme une sœur;
Ah! si vous connaissiez sa bonté, sa douceur!
Et je la laisse en proie à ce supplice infâme!
Et c'est moi qui la tue! Et j'apporte la flamme,
Moi coupable, au bûcher funèbre qui l'attend!
Non, non, mille fois non!

FABIUS.

N'exagérons pas tant.

ARGINA.

Faudra-t-il qu'on l'immole à cette loi barbare?

J'aimerais mieux périr. Mais la terreur m'égare.
Cher Fabius, pardon! Je suis à vos genoux.
Ne vous refusez pas au devoir. Sauvez-nous!

FABIUS, *la relevant.*

Tout cela m'a beaucoup peiné. Mais suis-je cause
De l'erreur qui l'atteint? Si nul chevalier n'ose
Lutter pour elle, à qui la faute? aux indiscrets.
Ce qui vient d'arriver, l'avons-nous fait exprès?

ARGINA.

Sans notre rendez-vous et sans notre folie,
Serait-elle exposée à mourir avilie?
Nous avons fait le mal, il faut le réparer.

FABIUS.

Nous n'y pouvons plus rien. il faut vous modérer.

ARGINA.

Craindriez-vous Pascal?

FABIUS.

Dois-je accepter la lutte!
Vaincu, je vous entraîne avec moi dans ma chute;
Vainqueur, on prétendra...

ARGINA.

Quoi?

FABIUS.

Que j'étais l'amant!
Et je serai forcé d'épouser. Ah! vraiment,
Vous ne pensez à rien.

ARGINA.

J'ai la stupeur dans l'âme.

FABIUS.

Rassurez-vous un peu !

ARGINA.

Mais si nul ne proclame
Et ne prouve qu'elle est innocente, n'est-il
Aucun moyen humain d'écarter le péril ?

FABIUS.

Un jeune ambitieux la défendra peut-être,
Peut-être avec bonheur.

ARGINA.

Que je voudrais connaître
Un héros au cœur noble, au bras fort, qui pourrait
Savoir la vérité de nous, et qui vaincrait !

FABIUS, *à part.*

Cette femme est inepte, et, si l'on n'y met ordre,
Me vendra.

Haut.

Calmez-vous, Argina ; pourquoi tordre
Vos beaux bras blancs ?

ARGINA.

Aucune espérance ne luit !
Que j'ai pleuré, pleuré, seule, toute la nuit !

FABIUS.

Est-ce qu'on laisse ainsi succomber les princesses ?
On renverra Pascal avec force promesses,

Et Béatrice ira tout au plus au couvent;
Elle y vivra fort bien, la délicate enfant.
Un jour alors, la belle et farouche amoureuse
Que je serai si fier de rendre illustre, heureuse,
Et qui vient, ici même, à l'instant, de prouver
Jusqu'où son âme ardente est prête à s'élever,
Pourra, la destinée étant pour nous sereine,
Devenir en mes bras Sa Majesté la reine.

ARGINA.

Qui? moi, majesté, reine!

FABIUS.

Oui, reine et majesté!
Si notre bon vieux roi n'a pas déshérité
Son neveu Fabius.

ARGINA.

Tu sais combien je t'aime;
Aime-moi, je ne veux rien de plus pour moi-même.
Mais elle!...

FABIUS.

Laisse-moi te faire un peu ma cour.

ARGINA, *se laissant aller entre ses bras.*

Dis, tu la sauveras!

FABIUS.

Déjà baisse le jour;
Tu ne partiras pas avant le crépuscule.
Devenons circonspects. Il serait ridicule
De hasarder encor notre bonheur futur.
Personne ne t'a vue, au moins?

ARGINA.

Non.

FABIUS.

C'est bien sûr?

ARGINA.

Oh! bien sûr.

FABIUS.

Un moment, veux-tu dans l'oratoire
Attendre que je sois tout à toi. La mémoire
M'échappait; mais on doit présentement venir,
Pour une affaire urgente, ici m'entretenir.
Vite j'écarterai la visite importune;
Puis nous resterons seuls, cachés, jusqu'à la brune.

ARGINA.

En priant, en pleurant, j'attendrai ton retour;
Grâce pour la princesse!

FABIUS, *enfermant Argina dans l'oratoire.*

Espère en notre amour!

SCÈNE VI

FABIUS, RANDAZZO, TRASTAVA.

Fabius court vers la porte par où il a disparu en congédiant Smorfi, et introduit précipitamment Randazzo et Trastava.

FABIUS.

Êtes-vous là tous deux? Entrez. Le danger presse.

RANDAZZO.

Vous, en danger!

FABIUS.

Il faut que quelqu'un disparaisse
Par vos soins, dès ce soir, ou je suis compromis
Gravement.

TRASTAVA.

Vous pouvez compter sur vos amis.

FABIUS.

Saurez-vous me servir, quoi que je vous demande?

RANDAZZO *et* TRASTAVA.

Je le jure.

FABIUS.

Il est bon, pourtant, que l'on s'entende.

RANDAZZO.

Qui vous gêne?

FABIUS.

Une femme.

TRASTAVA.

Une femme!

FABIUS.

Argina!
Elle tient ma fortune entre ses mains, et n'a
Qu'un mot à dire...

RANDAZZO.

Alors imposons-lui silence.

TRASTAVA.

Elle disparaîtra.

RANDAZZO.

Comment, sans violence,
L'enlever?

FABIUS.

Elle est là. Donc, pas le moindre bruit.
Vous la bâillonnerez doucement. Cette nuit,
Avec précaution, vous quitterez la place.
Demain matin, que d'elle il ne reste plus trace!

RANDAZZO.

Vous serez satisfait.

FABIUS.

Soyez donc sans pitié!
Quoi que l'on fasse, il faut ne rien faire à moitié.

ACTE V

La salle du trône, au château royal.

SCÈNE PREMIÈRE

LE ROI, BÉATRICE, FILLES D'HONNEUR, PAGES, GARDES.

Le roi, portant sceptre et couronne, est sur son trône. Près de lui se tient Béatrice, voilée de blanc. Au fond, les grandes baies vitrées sont ouvertes sur la place, d'où monte le tumulte de la foule. Les pages regardent au dehors. Les filles d'honneur se parlent à l'écart.

PREMIÈRE FILLE D'HONNEUR.

Personne! il ne viendra personne à son secours!

DEUXIÈME FILLE D'HONNEUR.

Du haut du grand beffroi le glas sonne toujours;
C'est horrible! On dirait des râles d'agonie.

PREMIÈRE FILLE D'HONNEUR.

Tout n'est-il ici-bas qu'implacable ironie?
Être princesse, belle, avoir d'hier vingt ans,
Rêver amour, honneur, joie, aurore, printemps,

Et sentir tout à coup dans un pareil scandale
La honte vous traîner vers la nuit sépulcrale !

DEUXIEME FILLE D'HONNEUR.

Cette foule, amassée aux abords du champ clos,
Fait un bruit sourd pareil au roulement des flots.
Un frisson de terreur m'enveloppe et me glace.

UN PAGE.

Au tribunal suprême, à la première place,
Le comte Fabius siège, prêt à juger !

PREMIERE FILLE D'HONNEUR.

C'est le roi qui devrait être juge et siéger.

DEUXIEME FILLE D'HONNEUR.

Le roi, sans défenseur contre la calomnie,
Pouvait-il, fatigué par les nuits d'insomnie,
Tout le jour, en spectacle, exposer sa douleur ?

PREMIERE FILLE D'HONNEUR.

Comme il semble souffrir ! Quel deuil, quelle pâleur !
Il voit la mort planer sur sa fille chérie,
Qui, près de lui, voilée et les mains jointes, prie.
Vous qu'elle implore, espoir du malheur outragé,
Dieu clément, sauvez-la, quand elle aurait péché !

LE PAGE.

Votre amie Argina, qu'est-elle devenue ?

PREMIERE FILLE D'HONNEUR.

Ici, depuis hier, nous ne l'avons point vue.

LE PAGE.

Il court d'étranges bruits, qui ne s'expliquent pas.

DEUXIÈME FILLE D'HONNEUR.

Oh! l'on n'affirme rien.

LE PAGE.

Mais on prétend tout bas
Qu'elle en savait trop long pour ne pas disparaître.

DEUXIÈME FILLE D'HONNEUR.

Un médisant parfois, page, est pire qu'un traître.
Chut!

PREMIÈRE FILLE D'HONNEUR.

Est-ce que Pascal va demeurer vainqueur
Sans combat? N'est-il plus un seul homme de cœur?

Grand bruit au dehors.

LE PAGE, *courant regarder.*

Alerte! un cavalier se présente. Il s'avance,
Il entre dans le champ, et du fer de sa lance
Frappe l'écusson rouge au poteau suspendu.
Le ciel l'envoie; il veut lutter! Rien n'est perdu.

PREMIÈRE FILLE D'HONNEUR.

Puisse-t-il renverser Pascal dans la poussière!

LE PAGE.

Il prend place déjà, sans lever sa visière;
Sur son armure noire et son noir bouclier
Il n'a point de blason.

DEUXIÈME FILLE D'HONNEUR.

Quel est ce chevalier?

Fanfares.

LE PAGE.

Les deux tenants sont prêts.

PREMIÈRE FILLE D'HONNEUR.

Nous, faibles créatures,
Prions!

LE PAGE.

Ils partent. Ciel! sous le choc, leurs montures
Se cabrent. Mais aucun n'a vidé les arçons.
Leurs épieux sont brisés. Ils jettent les tronçons.
Face à face, tous deux s'affermissent en selle.
La lame de l'épée à leurs mains étincelle;
Ils se heurtent, grand Dieu!

Un court silence, pendant lequel un tumulte s'élève vers la porte de la salle.

LE ROI.

D'où vient donc cet émoi?

Argina, que suivent Jérôme et Smorfi, entre et court se jeter aux pieds de la princesse.

SCÈNE II

LES MÊMES, ARGINA, JÉROME, SMORFI.

ARGINA.

Moi, moi, c'est moi qui suis coupable. Tuez-moi!

BÉATRICE.

Argina!

ARGINA.

Marquez-moi d'un éternel stigmate;
Mais que son innocence au grand soleil éclate!
Sire, il faut à l'instant supprimer le combat.
Fabius a tout fait. Hâtez-vous! Mon cœur bat
A se briser. Je meurs de douleur et de honte.

JÉROME.

Sire, Argina dit vrai...

LE ROI, *à un héraut d'armes.*

Qu'on mande ici le comte.

A Jérôme.

Et vous, dans le champ clos, s'il en est encor temps,
Jetez mon gant royal entre les combattants.

JÉROME, *jetant du balcon le gant du roi.*

Au nom de monseigneur le roi, qui vous relève
De vos engagements, nobles cavaliers, trêve!

Un silence.

Ils s'arrêtent.

LE ROI.

L'un d'eux, Jérôme, est-il blessé?

JÉROME.

Non, sire, grâce au ciel! Le combat a cessé.

SCÈNE III

LES MÊMES, UN CHEVALIER *visière baissée,* FABIUS, PASCAL, BRASSANO, LINOSA, STELTI, NÉRIS, LE MOINE, GENTILSHOMMES, SOLDATS.

ARGINA, *à Fabius qui entre.*

Viens! c'est moi, Fabius. Tu pâlis. C'est moi-même.
Il ne pourra nier. Regardez son front blême.
Dire que je l'aimais aveuglément! Je vois
Son vrai visage, hélas! pour la première fois.

FABIUS.

Un tel transport me semble intolérable, sire.
Est-ce afin d'écouter cette femme en délire
Qu'ici l'on me mandait?

ARGINA.

Il ne te sert à rien,
Démon, de composer savamment ton maintien.
Va, tu peux au mensonge ajouter la menace!
Malgré ton impudence et malgré ton audace,
Ma voix tombe sur toi comme du plomb fondu;
Et tu ris hautement, mais tu te sens perdu.

FABIUS.

Vous rêvez.

ARGINA.

Il faut donc rappeler notre histoire,
Mon douloureux amour, ton amour dérisoire;
Comment en caressant ma folle vanité,
En me nommant toujours ta reine de beauté,
Tu m'engageas, avec une infernale adresse,
A voler les joyaux que portait la princesse;
Comment Roger, trompé par toi, me vit un soir,
De loin, entre tes bras, chez elle, et crut la voir.
Le prince a disparu dans cette nuit maudite!
Sans doute, tu l'as fait assassiner ensuite
Par ces mêmes bandits qui devaient m'égorger.
Sire, lorsque j'ai vu la princesse en danger,
J'ai couru chez le comte; et je voulais tout dire,
S'il ne l'arrachait pas à l'horreur du martyre.
Il eut peur; il pensa, toujours plus criminel,
S'assurer par ma mort mon silence éternel;
Mais on veillait, on m'a sauvée; et je vous somme,
Roi juste, de punir ce mauvais gentilhomme.

LE ROI, *à Fabius.*

Vous ne répondez rien, comte?

FABIUS.

Va-t-on vraiment
Discuter tout cela? Non. C'est par dévoûment
Pour la princesse, à qui je la sais attachée,
Qu'Argina vient, après s'être à dessein cachée,
Dérouler ce tissu de mensonges. Pourquoi
A-t-elle dirigé la ruse contre moi?

Je l'ignore. Elle a cru très adroit, je suppose,
D'accuser le plus grand de tous, car en la cause
Il doit paraitre aussi le plus intéressé.

ARGINA.

Il se livre, il se perd lui-même, l'insensé.

LE ROI.

Ne l'interrompez pas.

FABIUS.

A cette sotte histoire,
Sur sa simple parole, est-ce qu'on pourra croire?
Donne-t-elle une preuve, et quels sont ses témoins?

ARGINA.

Que te faut-il de plus?

FABIUS.

Il faut prouver au moins.

JEROME.

Les témoins parleront.

FABIUS.

Qui voudra les entendre?

LE ROI.

Nous, Fabius.

VOIX NOMBREUSES.

Nous tous!

FABIUS.

Et qui de vous veut prendre
Le parti d'Argina? J'ai droit et j'ai souci

De venger cette injure en champ clos. Me voici!
Qui tiendra contre moi pour cette enfant pudique?

LINOSA.

Choisissez parmi nous, sire.

JEROME.

Je revendique
Cet honneur.

PASCAL.

S'il revient à quelqu'un...

LE CHEVALIER MASQUÉ, *s'avançant.*

C'est à moi!

LE ROI.

A vous? C'est donc vous qui, sans soupçon, sans effroi,
Contre tous, défendiez ma fille! En vous j'espère.
D'un fils semblable à vous je voudrais être père;
Je vous bénis. Allez avec Dieu, vous vaincrez!

BEATRICE.

Par le juge qui siège au fond des cieux sacrés,
O vous qui vous cachez sous cette armure noire,
Je vous confie au ciel, vous aurez la victoire!
Un ange du Seigneur viendra vous protéger.
Je voudrais vous aimer comme j'aimais Roger.

ARGINA.

Fabius combattrait?

FABIUS, *à un page.*

Mon heaume et ma cuirasse!

ARGINA.

Misérable!

FABIUS, *au chevalier masqué.*

Je suis à vous.

A Argina qui lui barre le passage.

Faites-nous place!

ARGINA.

C'est aux mains du bourreau qu'il doit être traîné.

FABIUS.

Vous écarterez-vous enfin?

ARGINA, *lui arrachant un poignard de la ceinture et le frappant au cœur.*

Tiens! meurs damné!

FABIUS.

Trahison!

Il tombe et meurt.

ARGINA, *se frappant elle-même.*

Moi qui vais devant Dieu comparaître,
J'atteste fermement que c'est lui le seul traître.

Béatrice court à elle et la soutient.

Merci! laissez briller sur moi votre regard,
C'est le ciel.

BEATRICE.

Argina!... Courage!

ARGINA.

Il est trop tard.

Jésus, prenez pitié de moi !

Elle rend le dernier soupir.

LE ROI.

Qu'on les emporte.
Qu'on expose Argina devant la grande porte
De notre cathédrale, où nous irons prier
Pour la pauvre âme.

On emporte Argina et Fabius ; le roi se retourne vers le chevalier masqué.

Et vous, à présent, chevalier,
Vous qui luttiez pour nous, sans rien savoir peut-être,
Levez votre visière et faites-vous connaître.

Le chevalier lève la visière de son heaume.

BÉATRICE.

Roger ! Vous n'avez donc jamais douté de moi !

ROGER.

J'avais fléchi d'abord, j'avais perdu la foi ;
Daignez me pardonner. J'étais fou de souffrance,
J'ai fui.

BÉATRICE.

Mais vous aviez un reste d'espérance ;
Vous êtes revenu...

ROGER.

Pour mourir avec vous,
Si je ne pouvais pas désarmer le courroux
Du lugubre destin qui vous avait flétrie.

LE MOINE, *conduisant Béatrice et Roger vers le roi.*

Sire, il l'aimait encore avec idolâtrie.

Le roi attire Béatrice et Roger dans ses bras.

ACCLAMATION GÉNÉRALE.

Vivat!

LE ROI, *entre Béatrice et Roger.*

Glorifions ce mémorable jour,
Où triomphent de tout la justice et l'amour!

TABLE

TABLE

Achevé d'imprimer

le quatre avril mil neuf cent huit

PAR

ALPHONSE LEMERRE

6, RUE DES BERGERS, 6

A PARIS

I. — 4714.

BIBLIOTHÈQUE DRAMATIQUE

ÉMILE BLÉMONT. *Théâtre Molièresque et Cornélien.* 1 vol. 3 50
— *Chez Phidias,* poème dramatique. 1 vol. in-8°. . . 1 »
— *Théâtre Légendaire.* 1 vol 3 50
ÉMILE BLÉMONT & JULES TRUFFIER. *La Fête des Roses,* Comédie historique en un acte, en prose. 1 vol. in-8° . . 2 50
F. COPPÉE. *Le Passant,* comédie en un acte, en vers. 1 vol. . . . 1 »
— *Deux Douleurs,* drame en un acte, en vers. 1 vol. . . 1 50
— *L'Abandonnée,* drame en deux actes, en vers. 1 vol. 2 »
— *Fais ce que dois,* épisode dramatique, en vers. 1 vol. 1 »
— *Le Rendez-vous,* comédie en un acte, en vers. 1 vol. 1 »
— *Le Luthier de Crémone,* com. en un acte, en vers. 1 v. 1 50
— *Le Trésor,* comédie en un acte, en vers. 1 vol. . . . 1 50
— *Madame de Maintenon,* dr. en 5 actes, en vers. 1 vol. 3 »
— *Severo Torelli,* drame en cinq actes, en vers. 1 vol. 2 50
— *Les Jacobites,* drame en cinq actes, en vers. 1 vol. [illegible] 50
— *Le Pater,* drame en un acte, en vers. 1 vol. . . . . [illegible] »
— *Pour la Couronne,* drame en cinq actes, en vers. 1 v. [illegible] 50
F. COPPÉE & ARMAND D'ARTOIS. *La Guerre de Cent Ans,* drame en cinq actes, avec prol. et épilog., en vers. 1 vol. 3 [illegible]
F. COPPÉE & MÉRANTE. *La Korrigane,* ballet en 2 actes. 1 vol. 1 »
A. DAUDET. *L'Arlésienne,* pièce en trois actes, en prose. 1 vol. . 2 »
AUGUSTE DORCHAIN. *Conte d'Avril,* quatre actes, en vers. 1 vol. 2 50
— *Rose d'Automne,* comédie en un acte, en prose. 1 vol. 1 50
— *Pour l'Amour,* comédie en quatre actes, en vers. 1 v. 3 »
ABEL HERMANT. *La belle Mme Héber,* pièce en 4 actes. 1 vol. . 3 50
— *Les Jacobines,* comédie en 4 actes, 1 vol in-18. . . . 3 50
— *Monsieur de Courpière,* comédie en 4 actes, 1 vol. . 3 50
PAUL HERVIEU. *Les Paroles restent,* comédie en trois actes. 1 vol. 2 50
— *Les Tenailles,* pièce en trois actes, en prose. 1 vol. 2 50
— *La Course du Flambeau,* pièce en 4 actes, en prose. 1 v. 2 50
— *Théroigne de Méricourt,* pièce en six actes, en pr. 1 v. 3 50
— *Le Dédale,* pièce en cinq actes, en prose. 1 vol. . . 3 50
— *Le Réveil.* — *L'Énigme.* 1 vol. 3 50
— Théâtre complet. 3 vol. Chaque vol. . . . . 6 »
E. D'HERVILLY. *La Belle Saïnara,* com. japonaise en un a., en vers. 1 50
LECONTE DE LISLE. *Les Érinnyes,* drame antique en vers. 1 vol. 2 »
— *L'Apollonide,* drame antique en vers. 1 vol. in-4°. . 7 50
MARCEL PRÉVOST. *La Plus Faible,* pièce en quatre actes. 1 vol. 3 50
ANDRÉ RIVOIRE. *La Peur de Souffrir,* un acte, en prose. 1 vol. . 1 »
— *Il était une Bergère,* conte en un acte, en vers. 1 vol. 1 50
ANDRÉ THEURIET. *Jean-Marie,* drame en un acte, en vers. 1 vol. 1 »
LÉON VALADE & E. BLÉMONT. *La Raison du moins fort,* com. en 1 acte, en vers. 1 vol. in-18 . . . . 1 »
G. VICAIRE & J. TRUFFIER. *La Farce du Mari refondu.* Un acte en vers. 1 vol. in-18 . . . . 2 »

Paris. — Imp. A. LEMERRE, 6, rue des Bergers. — 4.-4714.

www.ingramcontent.com/pod-product-compliance
Ingram Content Group UK Ltd.
Pitfield, Milton Keynes, MK11 3LW, UK
UKHW020237180726
13839UKWH00001B/18